제 4 판

기획론

PLANNING THEORY

정덕주 저

PLANNING THEORY

pnc
publishing and culture
피앤씨미디어

제4판 **서 문**

본서는 한 학기의 강의가 가능하도록 기획의 이론과 실제를 다룬 것이다. 따라서 기초개념과 이론적 탐구가 끝나고, 사례연구 및 발표를 다루면 효과적인 학습이 될 것이다.

사실 공공분야의 기획이론서를 집필하기란 쉽지 않다. 왜냐하면 기획에 관한 논의는 학제적 관점에서 이루어져야 하며, 최근 학문의 추세 또한 융합과학이 강조되기 때문이다. 이에 따라 저자 나름대로 학제적 통섭이 가능하도록 집필하려고 노력하였다.

본서는 2004년 초판 이후 도서출판 대명에서 3판까지 수정발행 되어 왔지만, 출판사를 바꾸어 출간해야할 사정이 생겼다. 따라서 차제에 이명박 정부의 지역발전계획을 추가하고, 매끄럽지 못한 문맥을 새롭게 다듬어 이번에 제4판을 출간하게 되었다.

그러므로 본서의 출판사는 바뀌었지만 내용은 기존의 저서인 기획론을 보완한 성격을 갖고 있다. 주지하다시피 최근 출판계는 불황으로 어려움을 겪고 있다. 그럼에도 이번의 수정판을 흔쾌히 출간해 주신 피앤씨미디어의 박노일 사장님께 깊은 감사의 마음을 전한다. 끝으로 그동안 본서에 대한 조언과 비판을 아끼지 않은 독자들께 고마움을 전해드린다.

2013년 2월
정 덕 주

차　례

제1부　기획의 기초개념

제2부 기획이론

제4부 기획의 실제

제 1 부

기획의 기초개념

- 제1장 기획의 개념정립
- 제2장 기획관의 변화
- 제3장 기획의 정치성과 윤리성
- 제4장 기획의 유형
- 제5장 기획의 과정

제 1 장
기획의 개념정립

기획의 개념을 정립하기 위해 기획의 필요성과 정의, 유사개념 등을 이해하고 정부기획의 기능과 기획결정의 환경적 변수를 살펴볼 필요가 있다.

제 1 절 기획의 필요성

1. 기획활동의 존재

인간은 일생을 살아가면서 나름대로 인생의 목표를 갖고 있으며 이러한 목표를 성취시키기 위해 부단히 노력한다. 그러나 인생의 목표는 자신이 처한 환경과 능력에 따라 바뀌기도 한다. 명백한 것은 자기인생의 미래를 스스로 관리하지 않는 자는 사회적인 성취를 이룰 수가 없다는 점이다. 이와 같이 개인적인 차원에서도 기획활동은 필연적으로 존재한다. 그리고 어떠한 조직체도 그 조직의 지속적인 발전을 위해서는 '미래에 대한 관리'의 노력을 기울여야 한다. 하물며 글로벌경쟁체제하에 놓여있는 국가단위에서는 정부기획의 성패여부가 국가의 운명을 좌우한다. 따라서 우리가 기획이란 용어를 사용하든지 안하든지 간에 모든 인간의 행위와 정부의 영역에는 기획활동이 작용하고 있다.

2. 정부의 개입

정부는 목적가치로서의 민주성, 형평성, 공익성과 수단적 가치로서의 능률성, 효과성, 생산성, 합법성 등을 추구하고 있다. 그리고 정부는 사회

질서유지, 공공서비스 공급, 정책의 결정, 외부로부터의 안전 등을 실현시켜야 하며 이를 위해서는 기획활동이 필연적으로 요구된다.

왜냐하면 정부의 개입이 없으면 자유경쟁시장이 지니고 있는 역기능을 해소할 수 없으며 외부효과, 수확체증, 불완전 경쟁, 불완전한 정보, 시장의 불완전성, 분배적 형평 등의 문제가 나타나기 때문이다.

특히 자유시장 경제체제의 실패를 예방하기 위해서는 계획경제(planded economy)체제의 제도화가 요구된다. 사회주의 계획경제에서는 국민경제의 모든 부문이 계획화되지만, 자본주의 경제체제는 자본주의 경제의 결함을 시정하기 위해서 국가계획이 요구된다.

그러므로 정부의 사회적 개입은 필연적으로 기획과 관련을 맺게된다. 대공항(Great Depression)이나 동유럽 국가사회주의의 붕괴에 따른 대응이 이를 잘 입증하고 있다(Campbell and Fainstein, 2004:6).

앞으로는 문명의 충돌, 불평등, 세계안보의 유지, 환경, 정보사회, 고용창출, 고령화 사회 등에 대한 대응의 전략으로도 정부기획이 존재해야하며 이런 문제를 해결하기 위해 더 많은 정부의 개입이 요구되고 있다.

3. 정부기획의 용도

정부기획은 다음과 같은 용도를 갖고 있다(Friedmann, 1987:28).

① 국가의 경제성장과 안정의 지침으로 자리한다.
② 국민의 일반적인 요구에 대한 공공서비스를 제공한다.
③ 대규모의 투자와 낮은 수익성으로 인해 민간부문이 감당하기 어려운 부분에 투자하여 공공서비스를 제공한다.
④ 기업 및 농업에 대한 보조를 제공한다.
⑤ 시장의 불합리성을 보완하기 위한 재산소유자 및 지방기업의 이윤을 보호한다.
⑥ 사회적 형평을 이루기 위한 소득재분배를 행한다.
⑦ 지역개발을 위한 종합적이고 조정적인 접근방식을 적용할 수 있게 한다.
⑧ 사회적 공익을 위해 시장합리성을 제한한다.

⑨ 시장합리성에 따른 피해자 보상에 기여한다.
⑩ 시장합리성의 역기능을 개선한다.

이상과 같은 기획의 용도는 시장합리성 보다는 사회적 합리성에 초점을 두고 있는 것으로서 공공분야의 기획이 갖는 공익의 측면이 강조된 것이다.

이와 같은 기획의 용도에 부합하기 위해 자본주의 체제하에서의 정부기획은 정치적 공동체를 실현하기 위해, 공동의 삶이라는 기조를 해치는 무제한적인 이익추구를 제한하면서 자본이익을 조장하고 지원해야 하는 이중적인 역할을 부여받고 있다. 그리고 사회적 지도의 수단으로서 불가피하게 상충되는 갈등을 해소해야 하는 역할을 수행하는 것이다.

제 2 절 기획의 정의

1. Mckinney와 Howard의 정의

Mckinney와 Howard는 기획을 다음과 같이 정의 내리고 있다(1998:195~196).

① 기획은 목표의 설정 행위이며 제약 요소에 대한 평가이다.
② 기획은 행정행위를 견고하게 하기 위한 특별한 목표와 성취해야 할 수단을 규명하는 것이다.
③ 기획의 목표는 미래의 어느 특정한 시기에 성취해야 할 정부의 결정행위를 담고 있다. 그리고 최적의 가능한 수단을 이용하여 공적 목표를 이루기 위한 복합적인 결정(a set of decisions)행위이다.
④ 기획은 미래에 일어날 수 있는 일들을 예측함으로서 그 변화의 영향을 줄이는 것이다.
⑤ 기획은 낭비와 과잉을 최소화시키는 것이다.
⑥ 기획은 미래에 대한 비전(vision)을 갖는 것이며 이에 맞도록 현재의 구조를 되돌아보는 것이다.

⑦ 기획은 대안적인 제안들에 대한 미래의 평가와 관련되며, 그 제안들을 실현시키기 위한 방법과 관련되어 있다.
⑧ 기획은 통제를 촉진하기 위한 기준으로 자리한다.
⑨ 기획은 정책결정자들이 편익을 극대화하고 비용을 최소화하기 위한 선택행위를 할 때, 합리적으로 사고하고 활동하기 위한 훈련된 과정이다.

이상의 정의들은 미래, 대안, 합리적인 선택 등의 측면을 강조하고 있다.

2. Dror의 정의

Dror의 기획에 관한 정의를 요약하면 다음과 같다(김신복, 1999:12~14).

① 기획은 하나의 과정(process)이며 지속적인 활동이다.
② 기획은 준비과정이다. 이것의 의미는 집행기능과의 구별을 뜻한다.
③ 기획은 복합적인 결정을 대상으로 한다.
④ 기획은 미래지향적인 활동이다.
⑤ 기획은 목표성취를 위한 활동이다. 따라서 달성하고자 하는 목표가 명확하게 제시되어야 한다.
⑥ 기획은 효율적인 수단을 강구하는 과정이다. Simon의 "목표·수단간의 연쇄"란 것도 합리성을 토대로 목표와 수단간의 관계를 모색하는데 기여하는 것이다.

이와 같은 Dror의 기획의 정의는 지속적인 활동으로서 기획의 성격을 강조하고 있다.

3. Friedmann의 정의

Friedmann의 기획에 관한 정의를 요약하면 다음과 같다(Friedmann, 1987: 38).

① 기획은 과학적 지식과 기술적 지식을 공공분야에 적용시키는 것이다.
② 기획은 과학적 지식과 기술적 지식을 사회지도(social guidance)과정에 연결시켜 주는 것이다.

③ 기획은 과학적 지식과 기술적 지식을 사회변형(social transformation)에 연결시켜 주는 것이다.

④ 기획은 행동지향적인 활동이다. 즉 문제의 해결과 현실의 개선을 위해 행동이 뒷받침 되어야 한다는 것이다.

이와 같은 기획의 정의는 기획가의 실천적인 역할과 공공기획의 성격을 강조한 것이다.

4. 행정법학적 정의

행정법학에서는 기획을 "행정주체가 일정한 행정활동을 위한 목표를 설정하고, 상호관련성 있는 행정수단의 조정과 종합화의 과정을 통하여, 그 목표로 정한 장래의 시점에 있어서의 보다 좋은 질서를 실현할 것을 목적으로 하는 활동기준 또는 그 설정행위"로 정의하고 있다(김도창, 1993:337).

이것은 정부의 기획을 목표설정의 기능, 종합화의 기능, 행정과 국민간의 매개기능을 가진 것으로 파악한 것이다. 이와 같은 행정법학적인 정의는 법제도적인 측면에서 정부의 기획 활동을 살피고자할 때 유용하다.

제 3 절 기획의 유사개념

기획의 유사개념으로는 모형, 정책, 예측, 체제분석 등이 있다(김신복, 1999:8~12). 이와 같은 유사개념들은 기획에서 도구적인 역할을 수행하고 있다.

1. 모 형(model)

모형은 실제의 현상을 추상화한 것이며, 현상의 핵심 구성요소를 추출하여 그 상호작용관계를 제시한 것으로 흔히 수식이나 기호의 형태로 제시된다. 모형은 이론을 바탕으로 도출한 예측의 도구로서 정책 및 계획의 수립에 긴요한 수단으로 활용되고 있다. 행정학 분야에서 제시된 모형의 예로는 행정체제분석모형, 공공선택모형, 의사결정모형 등이 있다.

2. 정 책

정책은 적용범위가 넓고 파급효과가 지속적인 결정으로서 행정의 경우에는 주로 공권력이 포함된 행위의 지침을 정책이라고 한다. 그러므로 정책은 일종의 상비계획(standing plan)이라고 할 수 있으며 장래의 의사결정에 일반적인 지침이 되는 것이다.

그러나 정책이 반드시 계획보다 광범위한 상위의 개념이라고 할 수는 없다. 왜냐하면 예컨대 한 국가의 5개년계획은 수없이 많은 정책들을 내용으로 담고 있기 때문이다. 상대적으로 볼 때 기획은 정책결정보다는 장기적인 전망 속에서 포괄적이고 일관성 있게 이루어지며 합리성이 한층 더 강조된다.

본질적으로 정책결정에 비해서 기획이 갖는 가장 두드러진 차이점은 한 묶음의 복합적인 결정(a set of decision)이라는 데 있다. 기획에서는 개별적인 정책의 채택 여부도 중요한 결정이지만, 채택된 정책이나 사업간의 투자나 시행시기 면에서 우선순위를 판단하여 종합적인 결정을 내려야 하는 경우가 많기 때문이다.

그리고 기획과 정책은 다 같이 이상적인 목표를 지니고 있으나 기획은 창조적인 목표를 지닌 반면에 정책은 치료적인 목표를 지니고 있다. 그리고 기획은 장기적이고 포괄적인 것으로 청사진(blue print)적인 성격이 강하여 정책보다는 실현 가능성이 낮은 것이다(최신융 외, 2003:7).

3. 예 측

기획이 미래를 대상으로 하는 만큼 장래를 예측하는 활동은 기획에 있어 가장 중요한 단계이며 기초적인 수단이 된다. 그러나 예측 자체가 기획이 될 수는 물론 없다. 주관적인 예견(prediction)이 미래를 설명하기도 하지만 예견은 순전히 사적 통찰력에 의한 것으로 변화의 규칙성과 요인에 대한 분석이 결여되어 있다.

이와 반해 과거의 추이와 현상 속에 나타난 어떤 지속적인 경향이나 재현성을 바탕으로 미래를 내다보는 것을 예측(forecasting)이라고 한다. 따라서 예측은 과거의 경향에 대한 시계열분석을 기초로 하고 있다. 시계열분석이란 어떤 계량변수의 연속적인 관찰을 토대로 미래 시점의 값을 예측하는 방법이다. 시계열분석은 주별, 월별, 분기별, 연도별 자료를 활용한다.

기획상황은 언제나 불확실성(uncertainty)이 존재한다. 불확실성이란 과거, 현재, 미래의 행로나 혹은 어떤 가상적 사건에 대한 확실한 지식(sure knowledge)이 결여되어 있는 상태를 뜻한다. 인간은 지식, 학습능력, 기억능력, 계산능력 등에 있어 많은 제약을 받는다. 그러므로 인간이 내리는 의사결정에는 필연적으로 불확실성이 내재되어 있으며 우리의 과제는 어떠한 방법으로 그러한 불확실성을 감소시키느냐 하는 것이다.

따라서 불확실성을 제거하기 위해 통계적인 추정(projection)과 확률을 활용하기도 한다. 그러나 관료들은 불확실성하에서 위험 회피적 태도를 나타내며 불확실성에 대한 국민의 인식도 매우 낮아 각종의 대형재난이 반복적으로 나타나고 있는 것이다.

결국 기획은 불확실성을 최대한 줄이고 인간의 소망과 의지를 반영한 또 다른 형태의 미래예측이라고 할 수 있다.

4. 체제분석

기획과 체제분석(systems analysis)간에는 유사한 점이 많다. 이들은 근본적으로 과학적·합리적으로 문제를 해결해보자는 기본 접근방법 면에서 공통성을 갖기 때문이다. 체제분석은 전체로서의 체제의 구조와 기능, 행태의 경험을 근간으로 하며, 문제를 분석하고 목표와 대안을 탐색하여 각각의 예상되는 결과에 비추어 그들을 비교·평가함으로써 의사결정을 돕는 기법으로서 기획과 유사하다.

그러나 기획과 체제분석은 다음과 같은 차이를 나타낸다.

① 체제분석이 당면한 문제를 해소하려는 교정적인 측면에 중점을 두고 있는데 반하여, 기획은 장래에 예상되는 문제를 사전에 대처하

려는 예방적인 측면에 역점을 둔다.

② 체제분석이 단일의 해결책을 추출할 수 있는 일원적인 문제들을 주로 다루는 데 비해서, 기획은 서로 얽혀 있는 복합적인 문제들을 대상으로 한다.

③ 기획은 체제분석에 비해서 장기적인 전망(perspective)을 가지며 체제분석보다 계량적인 기법을 덜 사용한다.

④ 체제분석은 비용·편익분석을 중심으로 계량적 측면을 중시하지만 기획은 논리적 일관성이 중요한 판단기준이 된다.

5. 예 산

예산은 계획한 의사결정을 구체적 사업과 프로젝트로 전환하는 메커니즘이다. 예산은 기획의 한 형태이고 기획은 예산의 기초가 된다. 그러나 예산은 회계연도라는 일정기간에 관심을 기울이기 때문에 중·장기적인 관점을 가지기 어렵다.

또한 예산은 입법부의 심의를 거쳐야 하지만 정부기획은 이와 같은 절차가 없으며 각종계획의 수립은 예산편성보다 정부의 재량권이 많은 편이다.

이에 따라 예산과 기획을 연계시키기 위해 계획예산제도(Planning Programming Budgeting System)가 등장하였다. 이 제도는 정부의 장기적인 계획수립과 단기적인 예산편성을 유기적으로 결합시켜 자원배분에 관한 의사결정의 합리성을 도모하고자 하는 것이다. 그러나 이 예산제도는 중앙집권적인 요소가 강하고, 계획이 고정화되어 있을 경우 예산의 경직성이 나타나며, 정부프로그램을 계량화하기 어려운 한계가 있다.

이와 유사하게 목표관리 예산제(Management by Objectives)가 등장하였는데 이것은 행정실무자가 스스로 추구할 목표를 설정하도록 하는 것이다. 기본적으로 이 예산제도는 참여적 관리에 초점을 두고 목표설정에 따른 예산의 뒷받침으로 관료들의 업무수행을 지원하고자 하는 것이다. 그러나 합의에 의한 목표설정의 어려움, 법규에서 정하지 않은 자기목표설정의 한계, 목표자체가 단기적으로 설정될 가능성, 행정환경의 변화를 반영하기 어려운 한계 등이 존재한다.

다음으로 기존사업과 새로운 사업을 구분하지 않고 모든 사업의 타당성을 영기준에서 평가하고, 장기적인 투자사업의 우선순위를 고려한 영기준 예산(Zero Base Budgeting)제도가 등장하였다. 이 예산제도는 계획과 예산의 연계에 초점을 맞춘 것으로 기존의 계속사업을 포함한 모든 사업을 재평가하여 예산을 수립하는 것이다.

위와 같은 계획예산이론이나 목표관리예산제도는 우리나라에서 제대로 정착되지 못했다. 비록 영기준예산이 제도화 되었다고는 하나 이론을 실제에 반영하기 어려운 한계가 원천적으로 존재한다. 예를 들어 투자사업의 타당성을 분석하여 예산을 편성하여야 하지만, 현실적으로 실무행정가의 수준에서 이러한 분석작업을 수행하기가 어려우며, 투자의 우선순위를 고려해야 하지만 우선순위란 것이 과학적 방법론만으로 결정되는 것만이 아니고 정치행적적인 판단으로 이루어지는 경우도 허다하기 때문이다. 이에 따라 기획의 목표와 우선순위가 예산에 연계되지 못하고 있다.

예산을 기획과 연계시키는 또 다른 제도적인 장치로는 국가재정운용계획과 중기재정계획이 있다. 국가재정운용계획은 재정투자방향과 주요정책이슈를 다루는 것으로 부처별로 수립된 중기사업계획을 기획재정부가 취합하여 운용계획을 수립하는 것이다. 그리고 중기재정계획은 정부부처가 예산을 편성할 때 각종의 투자사업인 경우 확정된 중기재정계획에 반영되어 있어야만 당해연도의 예산편성이 가능하도록 제도화 한 것이다.

그러나 현실적으로 기획과 예산이 연계되기 어려운 이유는 예산의 경우 고려해야 할 규정이나 절차가 많으며, 기획이 주로 편익을 고려하는데 반하여 예산은 비용을 강조하게 된다는 점과 기획이 포괄적인 점에 반해 예산은 점증주의적인 특성을 지니고 있기 때문이다. 특히 예산기관은 다른 부서에서 요구하고 있는 문제에 대응하는데 반하여 기획은 정부부처가 주도적으로 미래를 관리한다는 점에서 큰 차이가 나타난다(윤성식, 2002:84~86).

결론적으로 우리나라의 예산안의 편성과정은 먼저 국가재정운용계획의 수립지침을 통보받은 정부부처가 중기사업계획서를 기획재정부에 제출한다. 다음으로 기획재정부는 다음연도 부처별 지출한도 및 예산안 편성 지침을 시달하고, 각 부처는 예산요구서와 성과계획서, 성과보고서 등을 작성하여 기획재정부에 제출한다. 끝으로 기획재정부는 분야별, 사업별로 가용재원을 검토한 후, 사업의 우선순위를 정하여 예산안을 편성하고 국무회의의 의결을 거쳐 의회에 제출한다. 이와 같은 과정에서 기획과 예산을 연계시키려는 노력이 중기재정계획으로 나타난다.

제 4 절 정부기획의 기능

정부기획이란 정부 중앙정부 및 지방자치단체가 다양한 이해관계를 고려하여 행정목표를 설정하고 목표달성을 위한 시간관리와 행정활동의 통합방법을 강구하는 정책구상을 뜻한다. 이와 같은 정부기획활동의 하위개념으로 행정계획이 존재하며 행정계획은 행정주체가 일정한 행정활동을 위한 목표를 설정하고, 조정과 종합화의 과정을 통하여 그 목표로 정한 장래의 시점에 있어서의 보다 좋은 질서를 실현할 것을 설정하는 것이다(오준근, 1998: 253).

1. 종합화의 기능

종합화의 기능은 행정과정이 복잡하게 전개되는 현대사회에 있어서 필연적인 것이다. 종합계획(Comprehensive Plan)은 공공투자계획과 민간부문의 계획을 포함한 총괄적인 계획이다. 그리고 종합계획은 부문별계획 및 지역별계획과도 일관성을 가지는 것이다. 그러므로 광역계획을 중심으로 하는 지역간 통합의 관점도 존재한다. 토지이용분야의 경우 다층형의 계획체계가 존재하며 개별법에 기초한 각종의 계획을 조정하는 상위계획으로서 토지이용기본계획이 존재한다.

예를 들어, 광역 상위계획인 국토계획을 기본으로 하여 각 지방자치단체가 수립하는 계획으로 연결되는 형식으로 정부기획은 계층적 구조를 이루면서 종합화를 지향하고 있다. 즉 각 법률에 기초한 계획은 도시지역

(도시계획법), 농업지역(농업진흥지역의 정비에 관한 법률), 삼림지역(삼림법), 공원지역(공원법), 환경보전지역(환경법) 등이 규정되어 있어 이에 따른 일련의 계획 시스템을 갖추고 있다.

2. 이해관계조정 기능

정부기획의 특징은 다양한 이해관계를 조정하는 기능을 부여받고 있다는 점이다. 예를 들어 토지이용계획, 재개발계획, 개발제한구역지정, 혐오시설 입지 등의 경우 개개 시민의 욕구가 다양한 현대 사회에서는 행정활동의 공공성을 담보하기 어렵다. 이러한 상황하에서 시민의 참여 아래 공개 절차에 의해 이해관계를 조정하는 것이 공익성의 대전제가 된다.

3. 행정과 국민과의 매개기능

정부기획은 행정과 국민간의 매개기능을 가진다. 이 기능에 의해 행정계획은 정부가 국민에 대하여 행정의 목표와 수단을 미리 알림으로써, 미래에 대한 일정한 예측가능성을 부여하여 그 협력을 얻게 하는 기능이 있는 동시에, 국민의 장래의 활동에 대하여 지침적·유도적 효과와 경우에 따라서는 규제적 효과를 발휘할 수 있다(오준근, 1998:254). 유도기획은 경제행위주체들이 국가계획에 제시된 목표를 이해하고 경제전망에 관한 신뢰를 바탕으로 이에 부응하는 투자 및 경영방식을 유도해나가는 것을 뜻한다. 예를 들어 정부의 저출산 고령사회 기본계획은 고령친화산업을 미래의 성장동력 사업으로 제시하는 것이고 민간분야의 이에 관한 투자를 유도하게 되는 것이다.

제 5 절 기획결정의 환경적 변수

Wilson은 Etzioni의 '의사결정의 상호관계'를 원용하여 기획결정에 영향을 미치는 환경적 변수로 위기, 사회적 해이, 리드타임, 의사결정자의 가치, 이론의 사회적 역할, 권력 등을 제시하고 있다(Wilson, 1980: 19~21).

1. 위 기

위기(crisis)로는 전쟁, 경제적 침체, 인플레이션, 자원부족, 자연재해 등이 있다. 이러한 현상이 지속되면 사회적인 동요가 뒤따르며 점진적인 정책결정이 어렵게 된다. 그러나 위기 상황은 미래의 관리에 대한 학습과 문제를 극복하기 위한 쇄신적인 대안을 찾도록 고취시키는 경향이 있다. 국제통화기금(International Monetary Fund)하의 위기가 역설적으로 우리나라의 경제구조를 전환시키는 계기가 된 것은 그 좋은 예이다.

2. 사회적 해이

사회적 해이(slack)는 점진적인 의사결정을 선호시키는 경향이 있다. 왜냐하면 상황이 나쁠 때에도 언제든지 필요한 경우 의사결정자들은 스스로 많은 자원을 갖고 있는 것으로 믿으려하는 경향이 있기 때문이다.

3. 리드타임

장기적인 미래시간에 관한 설계는 선택의 다양성과 융통성을 제공하지만 리드타임(lead time)은 자원의 이동, 체제의 유지, 선택의 제외 등의 경우에 필요한 것이다.

4. 의사결정자의 가치

의사결정자들은 이데올로기적으로 자신들을 합리화시켜 나가려는 경향이 있으며 자신들은 사회적 가치를 반영하고 있다는 신념을 지니고 있다. 특히 최고결정권자의 기업, 특정국가, 복지 등에 관한 가치는 국가의 기획기조로 자리하여 지대한 영향을 미친다.

5. 이론의 사회적 역할

정치적 보수주의 이론이나 경제적 자유주의, 활동이론(activist theories), 종속이론, 비판이론 등은 기획에 반영되기도 하며, 때로는 정부기획에 대해 저항하는 역할을 수행한다. 현대국가의 기획활동에 이론적 뒷받침이 없는 경우는 존재하지 않는다.

6. 권 력

권력(power)은 재정과 같은 물리적 자원, 리더십과 같은 카리스마적 자원, 정보나 전문성과 같은 지식자원 등에 관한 상대적인 힘을 뜻하며, 이를 활용할 수 있는 능력의 정도에 따라 기획의 맥락이 결정된다.

우리나라의 경우 외부환경으로 인한 위기적요소가 정부의 기획결정에 영향을 미쳐왔다. 그리고 불확실성하에서 사회적 해이의 정도도 심각하며, 리드타임의 부재로 졸속적인 결정으로 나타난 폐해현상도 심각하다. 특히 최고결정권자들의 이데올로기, 권력 활용의 정도, 연구자들의 이론제공 등이 국정에 큰 영향을 초래해 왔다. 따라서 기획결정에 영향을 미치는 환경적 변수의 다양성을 이해하기 위해 역대 정부를 비교해 볼 필요가 있다.

제 2 장
기획관의 변화

기획에 관한 이데올로기적 맥락과 패러다임의 변화를 이해함으로서, 공공분야의 기획관을 정립할 필요가 있다.

제 1 절 이데올로기 논쟁

1. 기획과 자유주의

(1) 기획과 구속

기획에 대한 이데올로기적 맥락은 국가의 규제나 간섭으로부터 탈피하려는 자유방임주의적 사상에서 논의를 시작함이 일반적이다. 자유방임주의적인 사상의 핵심은 사회자체는 주권이 있는 개인의 개별성을 토대로 독립된 개별행위간의 경쟁을 담고 있는 것으로서 "기획은 사회의 전체화를 위한 것"이라고 여겼다.

따라서 자유와 관련된 문제들이 제기되었고 이에 대한 해결책 은 쉽게 제시되지 않았다. 왜냐하면 당시에는 자유를 위한 기획은 무정부상태와 압정제도의 중간에서 선택되어야 할 것으로 기대될 수 밖에 없었고, 사회적 통제는 형태의 여하를 막론하고 개인적 자유의 속박을 필연적으로 내포할 것으로 여겼기 때문이다. 그리고 개인의 자유는 질서가 부여된 경제와는 양립될 수 없는 것으로 생각되었다. 그 결과 인간사회에 대한 경직된 계획은 인간을 구속하는 것으로서 개인적 자유를 불가능하게 만들 수도 있다는 사고가 지배적 이었다.

(2) 순 응

위와 같은 딜레마로부터 해결책을 어디에서 찾을 것인가에 대한 의문은 항상 제기되었다. 그 해결책은 물리적인 자유의 정도는 물질세계에 있어서의 자연법칙을 얼마나 준수하는가에 달려있으며, 정치적 자유의 크고 작음은 인간사회를 지배하는 법칙을 얼마나 소중히 여기는가에 달려있다는 점을 깨닫는 것이라고 여겼다. 예를 들면 기독교인들의 자유는 크리스트의 정신을 자기 삶의 지표로 간직하여 그 뜻에 순종하는 자들만이 누릴 수 있다는 것이다. 이 시기에 있어 방임주의란 선을 행하는 것을 그대로 내버려둠을 의미하는 것이지만, 반대로 악을 행하는 것도 그대로 내버려둔다는 점을 함께 내포했던 시기이다.

(3) 자유의 신장

자유주의 운동의 목적은 개인적 자유를 신장시키는데 있지만, 방임주의와 혼동되어 방종으로 나타난 경우가 많았다. 결국 자유와 방임주의가 혼동됨으로써 자유주의의 이상까지도 부정될 위험성이 존재하였다. 이에 대해 Popper는 "자유를 잃게 되면 기획을 포함하여 모든 것을 잃게 된다."고 하면서 "사람들이 자신들을 강화시킬 힘이 없다면 대중의 복지를 위한 계획은 어떻게 존재할 수 있겠는가?" 라고 반문하였다.

그러나 어떤 국가가 너무 많은 계획을 마련한다면 국가가 과도한 권력을 갖게 되는 것이며 그렇게 되면 개인의 자유는 상실될 것이고 기획도 그 종말을 고하게 될 것이라 하였다. 따라서 "기획은 비윤리적이므로 전체사회를 위한 기획은 아무도 할 수 없는 것"이라는 주장을 폈다(Popper, 1945: 130).

2. 기획과 인간통제

(1) 예종에의 길

기획이 인간으로 하여금 자유로움을 주는 것인지, 아니면 인간에게 통제를 가하는 수단으로 존재하는 것인지에 대해서는 다음과 같은 논쟁이

유명하다.

Hayek는 기획의 불가피성에 관해서는 인정하면서도 당시대의 당면과제인 완전고용, 사회보장, 빈곤으로부터의 해방 등을 내건 기획의 실제는 "예종에의 길(The Road to Serfdom:1944)"로 인도 할 가능성이 있다고 경고하였다.

즉 기획이 개인의 자유로운 활동을 허용할 수 있는 역할을 수행하지 않는 한, 전체의 복지를 내세운 기획당국의 월권행위들이 경제체제내에 나타날 것으로 예견하였다. Hayek는 사회주의를 집산주의의 한 종류로 보았던 것이다(Hayek, 1944).

이는 Tocqueville의 다음과 같은 주장으로 잘 뒷받침되고 있다. "민주주의는 개인적 자유의 영역을 넓혀주지만 사회주의는 이것을 제한한다. 따라서 민주주의는 각자에게 가능한 모든 가치를 부여하지만 사회주의는 인간을 단순한 행위자로서 사회의 일원으로 파악하고 있다. 따라서 민주주의와 사회주의는 평등이란 말 한마디 이외에는 공통점이 없다."고 하였다. 그러므로 평등이란 말의 차이를 주목해야 하는데, "민주주의는 자유의 평등을 추구하지만 사회주의는 구속과 예속의 평등을 추구하는 것"이라고 혹평하였다(정도영, 1981:62).

결국 Hayek는 사회주의자들이 사실상 개혁의 중요한 수단으로 쓰고 있는 경제계획이 다른 목적을 위해 사용될 수 있다는 사실을 경고하였던 것이다. 비록 마르크스주의자들은 계획의 불가피성을 논증하기 위해 기술적 진보가 계획화를 불가피하게 만든다고 보았으나, 사실은 기술적 진보가 강제적으로 포괄적인 경제계획을 이끄는 요인은 아닌 것이다. 기술적 진보를 통해 기획기관이 가지는 권력자체가 오히려 더 위험한 것으로 나타나는 현상들이 많이 생겨났기 때문이다.

이와 같은 기획을 통한 인간의 예속을 극명화시켜 표현한 작품이 Orwell의 「1984」라는 미래소설 내지는 정치소설이며, 비록 1948년에 36년 뒤의 미래세계를 묘사했으나 공교롭게도 그 예측은 적중하였고, 우리는 소련을 포함한 동구권전체의 사회주의의 몰락을 지켜보게 되었다.

(2) 기획과 자유의 양립

Finer는 "반동에의 길(The Road to Reaction:1945)"이라는 저서를 통해 기획을 인간의 자유와 양립할 수 있는 것으로 보고 "사회주의의 경우는 경제활동의 계획화나 공산화의 폐해를 시정하고, 민주주의 국가에서는 자유방임주의가 초래하는 부작용과 부조리를 시정한다면 기획을 통해 실질적인 자유를 누릴 수 있다"고 하였다(Finer, 1945).

결국 이상의 양극단의 견해에 대한 제3의 방법을 모색할 필요가 제기되었으며, 이는 "강력한 사회화가 배제된, 규제되고, 계획화된 자본주의"의 아이디어에서 구하게 되었다(Bell, 1976).

이후 기획의 목표는 사회적 합리성을 토대로 자본주의적 합리성을 충족시키는 것이 되었고 사회적 합리성의 결함을 채워주는 것은 국가기획을 통해 실행될 수 있다는 견해들이 나타났다. 이에 따라 통제된 자본주의가 대두되었고 기획의 필요성을 새로운 차원에서 인식하였다.

제 2 절 이데올로기의 대체

1. 과학과 기술

(1) 경제적 성장

기획의 이데올로기적인 논의는 1950년대에 와서 쇠퇴하였다. 1960년대에 들어와서 Mannheim, Keynes, Popper 등은 과학이나 기술에 대한 믿음을 토대로 통제된 자본주의의 아이디어를 제안하였다. Mannheim은 기술적인 개발이 사회의 혼란을 피하게 한다고 여겼으며, Keynes는 정부기관을 통해 현대 자본주의 내의 기술의 개선가능성을 기대하였다.

그리고 Bell은 "기술과 과학이 이데올로기의 계승자로 등장하였다"고 지적하고 "이데올로기 논쟁은 부적절하며 이것은 경제적인 것으로 대체되었다"고 하였다(Bell, 1976). 이와 같은 관점은 기획에서 실증주의적인 입장이 대두된 것으로 이해된다(Reade, 1984:43). 또한 Wrong은 이데올로기의 종말을 논의하면서 재배분주의자들과 복지입법 주장자들에 의한 자본주의의 수정이 요구되고 있다고 하였다(Flyvjerg and Peterser, 1983:27). 결국 과학적 실증주의에 입각한 가치중립적인 기획이 강조되었고 경제적인 성장이 가장 중요한 기획의 목표가 되었다.

이에 따라 형평에 대한 사회적인 목표는 높은 경제성장률에 의존하였고, 형평을 이루기 위한 복지국가의 요체는 정부가 소득의 최소기준 및 건강을 보호해 주며 주택, 교육 등을 뒷받침해 주되, "자선이 아닌 정치적인 권리"로서 이를 보장해 주는 것으로 이해되었다. 이러한 신념의 배후에는 기획자체가 어느 정도의 통제 및 규제의 확장을 불가피하게 내포하고 있다는 인식이 폭넓게 자리했기 때문이다.

(2) 복지국가의 실현

복지국가의 등장과 더불어 세계 각국은 복지국가의 이상을 실현할 것을 새로운 기획의 목표로 설정하였는데, 이를 성취하기 위해서 정부기획에 과학적인 접근방법을 강조하려는 현상이 나타났고 이와 더불어 실용주의자들이 나타났다.

기획에 있어서 과학적 접근방법의 성장은 합리적인 의사결정이 이루어 질 수 있다는 점과 비용과 편익분석의 지식에 대한 믿음에 기초하였다(Flyvjerg and Peterser, 1983:28).

2. 비판론의 시각

이후 사회비판적인 입장에서 사회적 경험에 기초한 비판모델이 나타났다. 이것은 대중들이 원하는 욕구가 무엇인지에 대해 일깨워주는 의미로서의 성격이 강한 것이다. 이러한 접근법을 제시한 사람들은 착취, 갈등, 변동의 불가피성 등을 주로 논급하였다(McConnell, 1981:28).

비판적인 시각이 확대되면서 기획에 대한 급진적인 성향이 나타났는데, 왜냐하면 기획체제가 특정의 대상에겐 편익을 제공하고, 불평등을 시정하지 못했다는 이유 때문이다. 그리고 Gans는 "진정한 민주주의는 경제적, 사회적, 정치적, 평등 없이는 성취될 수 없으며, 따라서 빈곤과 인종차별의 배격이 요구된다."고 하였다.

1960년대 이후에는 기획의 관점을 넓히기 위해 부분화된 기획(sectorized planning)의 조정이 나타났는데, 이러한 경향은 종합적이거나 장기적인 투사에 근거한 조정된 관여를 이루려는 것이다. 즉 국가 및 민간기업의 전체적인 조정이 필요하다는 인식에 기초한 것으로 이는 지적인 사회의 관리에 관한 아이디어의 확장으로 간주되고 있다.(McConnell, 1981: 28~29).

3. 합리성의 모색과 한계

과학은 합리적인 기획기법의 개발에 기여하였다. 1960년대 및 1970년대에 있어 과학은 예산작성 및 우선순위 결정에 있어 합리성을 제고시켰다. 이에 따라 기획은 합리적인 접근방법의 증대가능성을 모색하는 것이 주된 관심사였다. 이러한 합리주의적 접근의 요점은 의사결정자가 합리적이며 목표지향적인 성향을 지니게 됨으로써 목표를 달성시킬 수 있는 모든 대안과 그 대안이 초래할 수 있는 결과를 모두 알고 있다는 것을 전제로 한 것이다. 즉 대안들 간에 우선순위를 정할 수 있고 최적안을 선택할 수 있다는 믿음에 기인한 것이다.

그러나 합리주의의 한계는 명백히 존재한다. 인간지식의 한계와 이에 따른 완전한 미래예측의 불가능 및 조정의 문제는 언제나 존재하고 있기 때문이다. 그러므로 현실적으로 종합적인 접근과 분석이 이루어지기 어렵다고 본다면, 부분의 극대화를 추구할 수밖에 없는 것이어서 합리주의 기획의 수정전략이 모색될 수 밖에 없다(정덕주, 1985:233~250).

이런 점을 고려하여 Simon은 의사결정자가 합리적이고 종합적인 노력을 회피한다는 점에 착안하여 "선택은 합리적이지만 그 선택은 실제 상황에 의해 제한될 수밖에 없으므로 만족수준에서 문제해결을 할 수밖에 없다"는 제한된 합리성(bounded rationality)을 주장하였다.

그리고 Lindblom은 모든 결정이 기본적인 목표와 일치될 수는 없으므로 다소 개선되고 향상된 수준에서 결정이 이루어질 수밖에 없는 현실을 고려하여 부분적 점진적(incremental) 접근논리를 제시하였다.

이와 같은 양극단의 견해에 대해 Etzioni는 합리적 종합이론에 대한 비판적 입장과 점진전략의 한계를 지적하면서 이들 모두에 대한 하나의 대안으로서 혼합주사(mixed-scanning)전략을 제안하였다. 합리적인 접근방법은 너무 보수적이고 비쇄신적인 결정을 정당화할 가능성이 있으므로, 거시적주사와 미시적분석이 동시에 이루어 상호 결함을 보완하려고 하였다.

그 방법은 의사결정시에 근본적인 결정과 세부적인 결정으로 구분하되 근본적인 결정을 수행할 때는 광범위한 영역을 포괄적으로 주사하여 전반적인 방향을 설정토록 하고, 이러한 방향이 설정된 후에는 철저하고 면밀한 탐색을 거쳐 점진적인 접근의 방법을 수행하자는 것이다(Etzioni, 1967: 385~392). 이와 같이 1960년대에는 합리성의 모색과 그 한계의 인식문제가 주된 관심사로 자리하였다.

제 3 절 사회운동과 기획관의 확장

1. 사회운동의 출현

(1) 성장의 문제

1960년대까지의 기술적이고 합리적인 것에 대한 신념과 그 정당성은 1970년대에 이르러 깨뜨려지고 말았다. 기획의 기술적이고 과학적인 가치는 의미 있는 세계관이 되지 못하며 성장 그 자체도 문제를 야기하고 있다는 시각이 등장하였다.

그 이유는 환경오염의 문제, 합리화된 작업조건에 따른 정신 및 육체적인 건강상의 문제, 합리화된 작업의 표준적인 수요에 따른 한계집단의 문제 등이 노출되었기 때문이다. 사회내의 한 집단을 위한 물질적인 만족은 다른 집단의 희생이 따르기 마련이어서 사회적 일체감은 형성되기 어려운 것이어서, Pareto의 전통적인 복지경제 이론으로도 더 이상 성장의 한계를 극복하기 어렵다는 위기의식이 고조 되었다.

이와 같은 예는 Thurow의 소위 제로섬 사회(Zero-Sum Society)로 대표되는데 만약 제로성장에 빠지게 되면 어떠한 문제든 계층간의 이해와 충돌하게 되어 반론이 난무할 수 밖에 없는 상황에 직면하게 된다는 것이다.

(2) 신생태론적 운동

합리적인 체제에 따른 의문의 결과 신생태론적 운동이 새로운 사회운동의 출현과 더불어 등장하였다. 즉 월남전, 환경오염, 비제한적인 자원개발 및 유럽공동체의 형성에 대한 각종의 저항 등은 기존의 기술 및 경제적 합리성만으로는 쉽사리 대처하기 어려운 문제들로 부각되어 나타났다.

이제 더 이상 기획문제들은 기술적인 창조나 실용주의적인 방법으로 해결될 수 없었다. 그리고 새로운 류(類)의 평등과 권리 의 요구에 직면하게 되었는데, 그 대표적인 것들이 여성운동, 소수인종 운동 등이며 이러한 것은 전통적인 평등 개념보다는 전혀 다른 류의 평등에 대한 요구로서 나타났다(Flyvjerg and Peterser, 1983:30~32).

이와 같은 관심의 변화는 기술적인 합리성과 기술에의 종속에 대한 의문을 나타낸 것으로 개인 및 자기결정을 통한 기획접근방법의 확장을 뜻하는 것이다.

이에 따라 사회지표 설정 및 생활의 질과 참여 등이 현실적이고 중요한 과제로 등장하였다. 이와 더불어 복지에 대한 새로운 연구경향도 사회적 비판주의나 사회문제의 원인분석의 도구로서보다는, 사회개발에 있어 효과적인 국가관여의 도구로 인식하는 단계로 들어섰다.

2. 기획의 정치화

1980년대에 들어서는 생활의 질에 대한 개선이나 시민참여의 정당성, 인간이나 환경에 대한 통제문제 등이 제기되면서 기획의 정치화에 관한 관심이 증대되었다.

기획의 정치화에 대한 인식의 고조는, 어떠한 이론도 권력을 지닌 정치가들에 의하여 재가 받지 못하면 기획의 실제적인 기초가 되지 못하기 때문에, 결국 정치적인 힘의 우월성을 인정해야 한다는 것이다. 그리고 어떠한 나라에서도 정치권력자가 원하지 않은 대응적이고 효과적인 기획체제란 존재할 수 없는 것이므로, 기획은 필연적으로 정치적인 활동으로 간주되며, 기획의 이론과 실제는 정치적인 이론에 대한 이해를 통해 제대로 평가된다는 것이다.

3. 미래의 기획

21세기에 들어서서 전체인류의 공존이라는 이상에 접근하기 위해 환경, 자원, 안보 등에 관한 국가간의 협력적 방안이 활발하게 전개되고 있다. 그러나 앞으로 가치체계의 붕괴, 새로운 남북갈등, 부익부 빈익빈, 세대간의 갈등, 여성차별, 새롭게 유리(遊離)된 엘리트, 인구과잉, 정보기술사회의 도전 등에 관한 문제가 심각하게 등장할 전망이다(Schwab, 1995). 따라서 이에 대한 새로운 정부기획 활동이 이루어져야만 한다.

비록 세계의 각 나라들이 범인류적이고 범지구적인 문제에 공통으로 대응하자는 슬로건을 내세우고 있지만 개별국가의 입장에서는 언제나 자국의 국익이 우선시되고 있다는 논리를 외면하기 어렵다. 그 좋은 예가 자유무역협정(Free Trade Agreement)협상, 지구온난화와 자원고갈에 대한 대응, 핵과 미사일 개발문제 등과 같은 것이다. 이에 따라 국내뿐만 아니라 국가간에도 정부기획의 정치성과 윤리성 등이 앞으로 해결해야 할 과제로 등장하였다.

제 3 장 기획의 정치성과 윤리성

이 장에서는 최근 새롭게 논의되고 있는 기획의 정치성과 권력성에 관한 관점을 소개하고 기획가의 책임과 윤리에 관한 덕목을 제시하기로 한다.

제 1 절 기획의 정치성

1. 기획이 정치적 이유

기획이 정치적인 이유는 기획행위 자체가 차별화(difference)를 만들어내기 때문이다. 차별화는 필연적으로 사회적 권력이 작동하고 있다는 것을 뜻한다. 그리고 사회적인 권력은 동의나 합의형성 혹은 갈등해소 등과 같은 정치과정으로부터 나온다.

사회적인 권력은 B의 행위를 바꿀 수 있는 A의 능력이다. 만약 권력이 행사되지 않으면 B는 계속해서 자신의 욕구와 만족을 추구하게 될 것이다. A가 권력을 행사 할 때 B는 반응하게 되고 행위 과정을 바꾸게 된다. 이와 같은 논리에 따라 기획은 권력과 깊은 관련이 있음을 확인할 수 있다(Benveniste, 1989:23).

정치이론은 정부의 목표와 권력관계에 관한 체계적인 사고를 다루게 되는데 "기획의 목적은 중앙 및 지방정부의 발전을 위한 관리 전략의 도구"로서 자리하고 있으므로, 정치적인 이론도 당연히 기획을 위한 철학과 관련을 맺게 된다. 따라서 기획이론가들은 정치적인 문제의 본질과 지배자 및 피지배자 사이의 권력관계에 대한 정치철학을 알아야만 한다.

예를 들어 기획가가 지역사회의 요구에 좀 더 대응성을 높여야 할 필요가 있다고 가정한다면, 이러한 문제제기는 선출된 대표자들과 지역사회의 권력집단과의 관계에 개입하게 된다는 것을 뜻한다. 이와 같은 대응성은 누구의 권위가 기획이슈를 결정하는가와 같은 문제와 관련된다. McConnell은 "기획체계란 정부조직의 일부이기 때문에 권력자와 제휴하게 되며, 사회내의 집단간의 갈등에 있어서 지배자들의 편"이라고 기술하였다 (McConnell, 1981:105).

필연적으로 권력을 지닌자들(선출직 대표, 자본가, 노동조합 등)은 자신들과 그들을 후원하는 사람들에게 최선의 것을 성취하기 위하여 권력을 사용하는 경향이 있다. 따라서 정치는 권력에 관한 것이며 기획은 권력이 사용되는 하나의 방식인 것이다.

2. 기획가와 정치성

'기획가가 어떠한 기능을 수행할 것인가?'에 대한 관점의 측면에서 볼지라도, 기획가는 결정권자에게 도움을 주는 전문지식을 가진 사람이므로 최종의 결정에 영향을 미치게 되며, 이런 의미에서 권력적인 요소를 갖게 된다. 비록 기획가들이 기획과정을 형성하는 권력이 어떻게 연관되어 있는지를 이해하지 못해도, 결과적으로 기획은 주민들의 참여활동과 관련되고 그들의 생활에 영향을 미치는 계획들을 수립할 것이기 때문에 기획은 곧 정치적인 것이다.

따라서 기획가는 필연적으로 권력을 갖게 되는데 그 주요한 원천은 정보의 통제기능을 갖고 있기 때문이다. 잘못된 정보일지라도 기획가들이 주민의 신념, 동의, 신뢰, 관련문제의 인식 등을 조작할 수 있기 때문에, 정보를 통한 기획가들의 권력행사의 가능성을 예견할 수 있다(Forester, 1989:27~28).

제 2 절 기획의 권력성

1. 권력에의 관심

(1) Benveniste의 견해

기획은 이익집단의 힘을 고려하면서 그들과의 접촉을 유지하기 위해 비공식적 과정에 크게 의존하고 있다. 이러한 점이 기획의 공식적인 참여의 의미를 퇴색시키지만 정치적 타결을 이루기 위해서는 비공식적인 시도의 의미는 충분히 존재한다. 기획의 비공식적인 요소는 아래에서 나온, 그리고 위로부터 나온 유효한 변화를 수용할 수 있는 기반을 제공할 수 있다. 이제 기획가는 변화의 주체로서 그리고 활동가로서 자리하지 않으면 안된다.

Benveniste는 기획가의 역할을 "권력의 배분에 관심을 갖는 관리자"로 정의하였다. 이와 같은 기획관점은 "전문지식의 정치학"(The Politics of Expertise : 1979)에 잘 나타나 있다. 이와 같은 논리에 따라 Benveniste는 효과적인 기획(effective planning)이란 용어를 사용하고 있는데 이것은 기획의 정치성과 비공식적 과정에 비중을 둔 개념이다(Benveniste, 1990).

(2) Wildavsky의 견해

기획가들은 자신들의 궁극적인 고객, 수혜자 또는 피해자들에게 응답하는 대신에 정부관료들의 영향을 받아왔다. 그 이유는 집행가들이 권력을 갖고 있기 때문이다. 따라서 관료적 기획은 새로운 변화를 가져와야 할 것으로 줄곧 지적되어 왔다. 기획의 관료화는 사례와 절차를 강조한다. 그리고 관료적 기획은 점진적 접근방식을 택하거나 안정을 추구하는 경향이 있다. 따라서 대부분의 관료적 기획은 쓸모없다.

이와 같은 환경하에서 기획가는 결코 선도자가 될 수 없으며 그들의 조직망도 효과가 없다. 기획가들은 혁신이 발생하고 나서 이를 알게 되며, 그들의 계획안은 겨우 집행가의 보조를 맞추어 나가는 정도에 그친다는 것을 알게 된다.

분명히 관료적 기획가는 변화를 수용하지 못한다. 앞으로도 변화는 계속되며 가속화될 것이고 조직의 환경도 더욱 격동적이나 단절적으로 될 것이라는 전제를 수용한다면, 상의하달식인 관료적인 기획은 더욱 더 가치 있는 결실을 얻지 못하게 될 것이다(Wildavsky, 1979).

(3) 국가적 차원의 변화

국가경제계획은 사회주의와 시장경제 국가 모두에서 급격히 변하고 있다. 그 동안의 기획에 대한 포괄적 접근은 국가적 차원에서는 지나치게 복잡하다는 것이 증명되었다. 따라서 향후 기획은 분권화와 탈(脫)획일화에 중점을 두지 않으면 안 되게 되었다. 이제 관료적 기획의 역기능은 관료권내에서도 인식되고 있으며 창조적 행위를 이루기 위해 관료의 압력을 줄이기 위한 노력도 줄기차게 나타나고 있다.

우리나라의 노무현 정부는 국가균형발전계획의 수립시에 정부기관 뿐만 아니라 산·학·연 및 NGO 등이 공동으로 참여하여 전문가 컨설팅(consulting)을 실시하였는데 이것은 관료적 기획의 한계를 인식하고 분권화와 탈획일화를 위한 노력으로 평가할 수 있다.

(4) 지방의 한계

합리성과 조화라는 용어가 국가의 통제를 합법화시키는 수단으로 이용되어서는 안 된다. 명백히 중앙집권적인 하향식 기획체제로는 지방에서 발생하는 변화의 필요성을 인식할 수 없다. 지방자치단체가 당해지역의 문제를 처리하는데 있어 무능력한 상태로 남아 있는 한 기획체제는 많은 문제점을 띠게 된다. 그리고 지방분권이 이루어지지 못하는 요인을 지방자치단체의 무능력으로 돌리는 한 지방자치단체의 기획능력은 향상되지 못할 것이다.

2. 권력의 배분에 관한 관점

기획에서 권력의 배분이 중요한 관심사항으로 등장하게 됨에 따라 기획관의 주된 논의는 비판적 기획이론, 옹호적 기획이론, 참여이론 등을 중심으로 전개되어 왔다.

(1) 비판적 기획

가. 논의 배경

비판적 기획이론(critical planning theory)은 사회내의 권력의 배분이 기획에 미치는 영향의 정도에 관심을 두는 것이다. 이러한 논의는 기획이 전문적이거나 기술적인 활동이 아니라, 권력을 유지하고 정당화 할 수 있는 도구라는 인식에서 출발한 것이다. 따라서 비판적 기획가들은 토지이용방식을 예로 들어 도시자원을 배분하는데 있어 상이한 가치와 기준이 필요함을 촉구하였다. 따라서 비판적 기획이론에서는 기획가가 사회문제를 재(再)정의하고 혜택을 받지 못하는 사람들의 이익을 대변하는 정치적 행동가로서의 역할을 수행해야 하는 것으로 보고 있다.

비판적 기획론자들은 기술적이거나 비정치적인 정치를 행하는 기획가들이 당연한 것으로 받아들이는 가정에 의문을 제기하는 것에서부터 출발하고 있다. 그리고 기획가들은 진실을 모색하고 지식의 추구를 강조하며 변동에 대한 적극적인 역할을 수행해야한다는 점을 강조하였다(Forester, 1985:209).

따라서 비판적 기획이론은 Gramsci의 "독단(獨斷)이 강조되는 비정치적인 정치(apolitical politics)가 자본가 계급의 가치를 정당한 것으로 만드는 메카니즘(mechanism)이다"는 것을 신봉한다. 그러므로 비판적 기획이론은 "주어진 계획이 누구에게 이익을 제공하는가?"를 제기한다. 이들에 따르면 기획가들은 최고결정권자의 고용된 하수인으로 간주된다.

결국 비판적 기획이론은 합의를 도출하는데 있어서의 불평등한 권력관계와 진정한 의사전달의 중요성에 초점을 두면서 기획에 대한 비정치적인 정치(apolitical politics)의 방식에 반대하고 있는 것이다.

Habermas는 "기술관료 주의가 자본주의 국가의 잠재된 모순과 갈등에 은폐되어 왔다"고 주장하였다. 즉 기술관료(technocrat)들의 전문적이고 기술적인 합리성에 근거한 결정은 시민들의 참여를 제한하고 대의적인 정당제도의 역할을 축소시킬 가능성을 내포하고 있다고 보았다. 왜냐하면 과학과 기술이 빠르게 진보하고 있는 현대사회에서는 과학자 · 기술자

·경제학자 등 전문적 기술자가 사회변화에 중요한 역할을 수행하며, 그들의 정치적 중요성이 증대되고 있다고 보았다.

이런 점은 그 동안 우리나라의 발전과정에서의 중요한 기획결정은 기술관료의 전문지식에 의존해왔기 때문에 그 폐해를 극복하고 이들을 통제할 필요가 있다는 점을 시사하고 있다.

나. 현상학과의 관계

비판적 기획이론과 현상학(phenmenolgy)은 밀접한 관계를 가지고 있다. 현상학적 접근방법은 연구대상이 되는 개인의 세계관, 설명, 감정, 욕구 그리고 가치에 대한 가정들을 이해하는 것으로부터 시작한다.

만약 기획이 탈신비화(mystification)를 가져오지 않고, 비정치적인 정치가 회피된다면 기획가는 무엇에 의존하게 될 것인가? 그 해답은 개인을 행동하게끔 하는 지식에 의존할 필요가 있다(Benveniste, 1990:75~76). 따라서 의식의 본질을 파악하고 지식을 파악하는 것이 중요하다.

비판적 기획이론과 현상학은 기획의 새로운 개념화의 기틀을 제공하였다. 이러한 개념들은 기획가들의 새로운 역할에 대한 주장으로 지나치게 이상주의적인 것으로 보여 질 수 있다. 그러나 이와 같은 개념은 실용적인 요소를 가지고 있다. 기획상황에서 시민, 고객 또는 조직구성원들의 행동을 보다 잘 이해할 수 있다면, 기획의 유용성을 제공할 수 있을 것이다.

다. 가치문제

정치가와 관리자들과 마찬가지로 기획가들은 자신의 가치와 추구하는 목적을 분명히 인식할 필요가 있다. 효과적인 기획은 기획가들이 '비정치적인 정치역할'을 수행하는 단순한 기술자라는 가정을 버려야 한다.

왜냐하면, 기획가들도 보통사람처럼 자신의 가치를 가지고 있기 때문에 가치의식적일 수밖에 없고 가치중립적 지위에 서는 것은 불가능하기 때문이다.

Marris는 "사회계층간의 권력의 불공평한 균형을 바로잡을 책임이 기획가들에게 있다"고 하였다(Marris, 1987). 기획가들이 자신의 가치에 따라 재량권을 행사하고 선택한다는 것은 분명하다. 그들은 연계망을 구축하고 협상하며, 기획을 수립하는 과정에서 어떤 집단과는 손을 잡고 어떤 집단은 배척하기도 한다.

앞으로 기획은 관리활동으로 인정받게 될 것이며, 기획가들의 선택행위에 더 높은 관심을 갖고 기획가들의 결정이 공개되기를 기대할 것이다. 어떤 기획가들은 과거의 불공정함을 바로잡고자 할 것이고, 혜택 받지 못한 자들을 후원하기를 원할 것이다. 또다른 기획가들은 현상유지 내지는 부유층을 위한 보호에 더 큰 만족감을 느끼게 될 것이다. 그리고 기획가들의 책임이 더욱 막중해 지면서 기획가 개인은 옳고 보람된 일에 사명감을 갖게 될 것이고, 최고결정권자의 선택이 더욱 신중하게 이루어질 수 있도록 권고하는 방법을 학습하게 될 것이다.

결국, '비정치적 정치'의 가면이 벗겨지면서 기획과정은 더 잘 이해되고, 따라서 소외된 자들은 기획과정에 영향력을 더 많이 미치게 될 것이다. 사실, 기획가들은 이미 자신들의 목적을 추구하기 위해 기획을 이용하고 있는데, 이것은 기획이 조직화된 힘에 의존하는 정치과정인 것으로 그들도 인식하고 있기 때문이다.

(2) 옹호적 기획

가. 배경

옹호적 기획은 기획결정의 복잡성으로 인해 일반시민들이 결정과정에 참여할 수 없다는 인식으로부터 출발하였다. 옹호적 기획론자들은 "기존의 기획이 사회내의 권력의 배분을 반영해 왔다"고 비판하면서 저소득계층의 중심부에 기획가가 있어야 할 것으로 생각하였다.

이와 같은 옹호적 기획이론은 미국의 경우 연방 및 주정부의 시민참여를 강제하는 법률제정의 계기를 마련해 주었다. 예를 들면, 경제기회균등법은 빈곤과의 전쟁에서 빈민의 "극대 참여"를 요청하였다. 동법 Ⅱ-A조, 제202항은 지역사회 실천계획의 경우 해당지역의 주민과 집단구성원의 최대한 참여를 보장하도록 하였다.

이에 따라 지역활동 프로그램(Community Action Programs)은 다음과 같은 세 가지의 목표를 갖도록 규정하였다.

① 빈민에 대한 공공서비스를 제공하고 개선시킨다.

② 빈민구제를 위하여 공적자원 및 민간자원들을 동원시킨다.

③ 빈민들을 가능한 한 그들 지역사회의 프로그램의 집행에 참여시킨다.

이와 유사한 내용이 시범도시계획법(Demonstration City Act)에도 나타났다.

나. 옹호적 기획가의 역할

옹호적 기획가의 역할은 사회적 약자들의 참여를 촉진하고 대안의 선택에 있어서 이들의 입장을 옹호하는데 있다. 옹호적 기획가들은 "사회적 약자들은 기획에 필요한 전문성이나 시간과 여력이 없기 때문에 그들 스스로 기획을 수립할 수 없다"고 보았다. 이에 따라 일부 기획가들은 혜택 받지 못한 사람들을 배려하려고 하였다.

예를 들면, 변호사들이 그들의 전문적 직업의 책임에 관한 강령을 토대로 제도화된 전문적 서비스를 제공하는 것과 같이 기획가들도 이와 같은 역할을 수행해야 한다는 것이다. 그 결과 1981년 미국계획전문가협회(American Institute of Certified Planners)의 윤리강령은 "참여 영향을 갖지 못하는 사람들을 포함할 정도로 넓은 범위에 걸쳐 있어야 하며, 기획가는 혜택 받지 못한 집단 또는 개인의 요구에 특별한 책임을 가짐과 동시에, 모든 사람들을 위한 선택과 기회의 확장을 위해 노력해야 한다"는 규정을 두었다.

다. 옹호적 기획의 적용

옹호적 기획을 실제에 적용하는 것은 쉽지 않다. 옹호적 기획을 위한 투자재원이 충분히 확보되는 것도 아니며, 옹호적 기획가들도 이러한 과업을 수행할 충분한 시간적 여유를 갖고 있지 못하다. 그리고 옹호적 기획에 필요한 고객과 전문가의 관계는 기획분야의 직업이 아직 잘 정립되어 있지 않기 때문에 쉽게 확립될 수 없다.

그리고 사회적 약자들은 조직화를 이루어 집단적 행동을 통해 기획문제를 해결하고자 한다. 따라서 자원봉사자로서 활동하는 옹호적 기획가들로서는 투쟁의 명분을 찾아내고자 노력하게 된다.

개념적으로, 옹호적 기획은 상향식의 합리적·종합적 기획의 형태이다. 옹호적 기획은 혜택 받지 못한 사람들의 의식을 고양시키는 변동의 역군 역할을 수행하는 것이다. 이러한 점은 기획가가 사회내의 권력분산에 어느 정도 영향을 미칠 수 있다는 점을 시사하고 있다.

옹호적 기획은 기획가로 하여금 보고서와 각종자료의 숨어 있는 의도와 기획결정의 잠재적인 결과에 주의를 기울이도록 만들었다. 옹호적 기획은 기획가들에게 기획과정의 정치적 측면을 환기시켜 준 동시에 이에 관여할 수 있는 기회를 제공하였다.

그러나 옹호적 기획은 그렇게 급진적인 것은 아니다. 대변자로서 기획가가 공적 보호자(public defender)로서 역할을 수행한다는 의미이다(Friedmann, 1987:300). 이와 같은 점은 기술자로서의 기획가가 관리자로서의 기획가로 전환해 가는 과정을 뜻하고 있다.

라. 옹호적 기획의 한계

옹호적 기획이 사회적 약자들에 대한 관심을 보여줄 수는 있으나 기획의 목표를 달성하기에는 무력할 수 있다. 사람들은 참여 그 자체만으로 자신들의 권력을 증가시킬 수 있을 것이라고 믿기도 한다. 그러나 권력의 평등은 참여로 의해 자동적으로 실현되는 것이 아니다.

실제로 참여 그 자체는 지식에 접근하는 사람들의 전문성에 더욱 더 의존하게 함으로써 약자의 권력을 감소시키는 경향이 있다. 권력의 평등은 오히려 옹호보다는 조직화에 더 의존하는 것이 현실이다. 그럼에도 불구하고 옹호적 기획은 기획사의 발전에 중요한 영향을 미쳤다. 옹호적 기획은 기획가로 하여금 기획의 대상이 되는 인간의 존재에 관한 새로운 이해와 탐구를 할 수 있도록 해주었다.

(3) 참여기획

가. 배경과 의미

미국의 경우 "빈곤에 대한 전쟁"이 실시된 후 모델 도시 프로그램

(Model Cities Program)이 마련되었고 이것은 연방적 차원에서 주민참여의 실제를 확장시킨 것이다. 그리고 1970년대에는 연방입법을 통해 주민참여가 급격히 확장되었다. 일부 프로그램의 경우 "영향을 받게되는 집단들의 자문을 구할 것"을 명문화시켜 나가고 특히, 1976년의 개정된 일반세입 분배법안은 재정에 대한 계획과 그 실제적인 활용에 관한 보고서를 작성할 때에 반드시 공청회를 갖도록 조치하여 기획과정의 참여를 활성화시켜 나갔다(Bernard and Stedman, 1985:105~107).

이 시기의 공공참여이론(public participatory theories)은 "기획과 관련된 의사결정이 직접적으로 또는 간접적으로 주민들에게 영향을 주는 한, 주민들이 의사결정에 참여할 수 있는 권리가 있다"고 보았다. 이러한 점은 대의적 민주주의에 대한 비판 즉 "소수집단의 이익이 무시될 수 있는 가능성을 극복해 보자"는 뜻이 담겨있는 것이다.

참여는 기획의 민주화를 보장하며, 참여의 허용은 의사결정 과정에 발언권을 갖도록 하며 공동체의 연합된 노력을 향한 활력을 부여한다. 참여는 대중이 기획제안과 과정에 영향을 줄 수 있다는 것을 전제로 하는 것이며 참여과정은 대안의 준비 이전에 선행적으로 이루어져야 한다.

그러나 현실에 있어서의 참여는 권력을 가진자들이 허용하거나, 권력상 남아있는 결정사항의 한계내에서 존재한다. 일반적으로 참여는 어떤 사회든지 간에 권력자들의 이념적인 한계내에서 허용되는 경향을 띠고 있다(McConnell, 1981:117~118).

나. 사회동원

시민참여는 이해관계자의 조직화 수준에 따라 크게 좌우된다. 조직화된 이해관계자는 힘을 발휘하며, 그렇지 못한 이해관계자는 힘을 쓸 수 없다. 힘없는 자들과 기득권이 없는 자들에게는 사회동원(social mobilization)이 필요하며 이것은 권력을 가지고 있지 않은 집단의 경우 "행동을 통해서만 변화를 기대할 수 있다"는 주장에 의해 뒷받침 된다(Friedmann, 1987:222~223).사회동원은 이에 전념할 수 있는 시간, 합의에 도달할 능력, 내부 분쟁을 제거할 능력에 따라 좌우된다. 그러나 동원된 참여는 문제가 된다. 왜냐하면 동원된 참여는 공식적 관리업무를 대신할 수 없으며,

또한 정치적 기구로 대체 될 수 없기 때문이다. 왜냐하면 "기획이란 참여 없이 성공할 수 없으나, 동시에 참여과정에 의하여 지배될 여유가 없다"는 한계를 지니고 있다.

다. 참여과정과 기획과정

참여와 기획과정과의 관계를 살펴보면 다음과 같다.

① 기획은 교섭의 과정이며, 교섭은 참여에 의하여 촉진된다. 기획이 궤도이탈의 위협을 받는다면 참여는 이러한 가능성을 증가시키거나 감소시키기도 한다.

② 참여과정은 느리고 성가신 측면이 있으나, 기획과정은 융통성과 속도가 요구된다. 기획과정은 선택적이며 그 목표는 아이디어를 구상하여 실행하는 것이다. 그러나 모든 사람이 이러한 과정에서 참여해야 하는 것은 아니다.

③ 참여과정은 흔히 공식적이며 관례화 되어 있으나, 기획과정은 비공식적인 측면이 있다.

④ 참여과정은 과정 그 자체로부터 정당성을 확보하며, 이 과정에서의 개입은 공식적인 의사결정으로 어떤 결과가 나오더라도 그 결정은 정당화된다. 그러나 기획의 정당성은 신뢰로부터 획득된다. 기획에 정당성을 부여하는 것은 과정 그 자체가 아니며, 그러한 과정이 의미 있고 유익한 실천으로 귀결 될 것이라는 확신에 있다.

⑤ 효과적인 기획은 항상 공식적인 참여를 요구하는 것은 아니다. 그러나 분쟁이 해결되지 않고 타협이 만족스럽게 이루어지지 않을 때에는 참여가 필요하다.

라. 기획가의 참여조직 회피

기획가들은 다음과 같은 이유로 공식적인 참여조직을 회피하는 경향이 있다(Benvenist, 1989:46).

① 기획가들이 준비해야할 참여설계(paticipatory schemes)는 개인의 시간과 비용을 초래한다.

② 이해관계자의 다양한 관심사를 해결해야 하는 복합적인 과제는

개방된 민주적 토론과정에서 쉽게 결론을 도출할 수 없다.

③ 기획가의 참여설계는 이해관계자들로부터 너무 많은 요구를 받게 된다. 고객과 수혜자들은 쟁점의 해결방안에 반드시 만족하는 것은 아니다. 또한 참여설계는 개방과 공개를 요구한다. 그러나 이것이 항상 바람직스럽고 가능한 것도 아니다. 왜냐하면 이와 같은 참여설계는 분쟁을 지속하게 하거나 특정 이익집단의 반대를 유발하기 때문이다. 그 결과 실패를 야기할 수도 있다.

④ 기획가는 참여의 관리에 훈련되어 있지 않다. 그들은 작은 권위라도 포기하기를 원치 않으며, 직업적인 자율성이 도전 받는 것을 두려워하는 경향이 있다.

그러나 좋은 아이디어가 부족하거나, 약속사항들이 비공식적 교섭으로도 해결되지 않을 경우 다양한 시각이 제시되는 참여과정은 필요한 것이다.

제 3 절 기획가의 책임과 윤리

1. 기획가의 책임

기획의 개념은 기술적 혹은 과학적인 활동으로부터 가치문제와 결부된 규범적인 것으로 바뀌어 왔다. 기획가가 가치를 신봉하고, 목표를 추구하며, 이상을 추구하고 정치적인 측면을 고려하는 자들이라면, 자신들이 지켜야 할 직업윤리가 필요하다. 기획가는 최고결정권자를 위해 일하거나 이익단체를 위해 일하기도 하며, 공익의 실현을 위해 노력하기도 한다.

그러나 우리나라에서는 아직도 기획가의 개념이 정립되어 있지 않은데 그 요인은 정부의 기술관료, 국책연구기관, 지방자치단체 연구기관, 전문 용역회사(planning consultants), 각 분야의 전문성을 지닌 교수 등 기획분야에 활동하고 있는 사람들에 대한 범위설정의 문제가 정립되어 있지 않기 때문이다. 따라서 기획가에 대한 개념정립이 이루어져야 할 것이다.

그리고 기획가의 윤리적 태도에 따라 기획의 수혜자는 달라지게 마련이며, 기획가가 사악한 행위에 이용당할 가능성도 배제하기 어렵다. 이러한 예는 시화호나 새만금사업처럼 환경의 영향을 고려하지 않은 개발계획이 대표적이며, 경전철이나 국제공항건설의 타당성 분석이 잘못되어 국가예산을 낭비한 사례에서 찾아볼 수 있다.

따라서 기획가는 다음과 같은 책임을 준수함으로써 직업윤리를 지켜나가야 한다(Martin Wachs, 1985:74~87).

(1) 신뢰도

기획가는 자신의 직업에 대한 신뢰도를 지켜나가야 할 책임이 있다. 직업의 신뢰도란 자신들이 실천해야 할 규범을 설정하고 어떻게 이를 실천해 나갈 것인가에 관한 문제이다. 직업의 신뢰도는 타락한 행위로부터 스스로를 보호하는 능력에 달려 있다.

(2) 역할인지

기획가들은 자신들이 기술적인 역할만 수행한다고 판단해서는 안 된다. 기획가들은 수많은 결정상황에 놓여 있는 자신을 발견하게 되는데, 이것은 자신들이 더 많은 다른 역할을 수행해야 한다는 것을 뜻한다.

(3) 의사소통

기획가는 공공분야의 기획(public sector planning)인 국가계획, 도시 및 지역계획, 정부의 광범위한 각 부문별 계획을 다루는 과정에서 참여하는 연구자들과 호혜적인 교류를 증가시켜 나가야 한다. 그래야만 기획의 적실성을 제고할 수 있다.

(4) 장기적인 시관(時觀)

기획가는 그가 종사하는 기관과 자원의 장기적(long-term)인 결과에 대한 책임의식을 가져야 한다. 장기적인 책임은 윤리적으로나 실용적인 측면에서 요구된다. 미래세대의 수요충족을 훼손시키지 않으면서 현세대의 수요를 만족시키는 개발방식인 지속가능한 개발이란 개념도 장기적인 책임을 고려한 개발방식의 예가 된다.

따라서 지속가능한 개발개념에서는 미래지향적인 시각, 환경에 대한 가치인식, 지역 및 국가 간의 형평성 등이 핵심적인 요소로 나타나고 있다.

(5) 비공식적 과정

기획가는 아이디어, 접근방법, 의사소통, 등을 비공식적인 과정을 통해서도 획득한다. 유능한 기획가는 홀로 관행적인 틀에 의존해서는 안 되고, 연계(network), 교섭, 합의를 도출해야 하며 이것은 비공식적인 과정에 대한 책임을 강조하는 것이다.

(6) 관리기술의 습득

기획가는 기획으로부터 영향을 받게 될 집단들의 이익과 요구에 관심을 갖는다. 기획가는 하향적(top down) 관리기술과 상향적(bottom up) 관리기술 모두를 습득해야 한다. 그러나 상향적 관리기술의 습득이 더욱 강조된다. 기획은 미래에 대하여 상향적 합의를 이끌어 내는 기술인 것이다.

2. 기획가의 윤리

미국의 경우에는 미국계획전문가협회(American Institute of Certified Planner)에서 1981년에 채택한 윤리강령(Code of Ethics and Professional Conduct)이 있다. 윤리강령의 핵심적인 내용은 다음과 같다(Martin Wachs, 1985: 335~354).

(1) 공익

기획가의 일차적인 의무는 공익에 기여하는 것이다. 이를 위해 기획가는 현재의 활동이 장기적으로 어떠한 결과를 초래할 것인지에 특별한 관심을 가져야 한다. 그리고 결정에 있어 신중을 기해야 하며 시민과 정부의 정책결정자들에게 완전하고 정확한 정보를 제공하기 위해 노력해야 한다.

또한 계획이나 프로그램의 개발에 시민들이 의미 있는 영향을 미칠 수 있도록 해야 하며 참여의 폭을 확대시켜야 한다. 특히 기획으로부터 불이익을 받는 집단이나 개인들에 대하여 각별한 윤리의식을 가져야 한다.

(2) 기획정보

기획가는 고객을 위해 성실하고, 창조적이어야 하며 전문적 판단을 행사해야 한다. 기획가는 결정에 영향을 미칠 수 있다는 부적절한 암시로 자신들의 서비스를 제공하거나 팔아서는 안 된다.

그리고 공익과 관계없는 별도의 이익을 추구하기 위해 권력을 이용해서는 안 되고, 비밀을 지키도록 요구한 기획정보를 공개해서도 안 된다. 공개를 할 수 있는 경우는 법률을 위반했을 때와 대중에게 사실상 위해가 될 것으로 판단했을 경우이다.

(3) 동료의식

기획가는 자신의 경험이나 연구결과를 다른 기획기관과 공유해야 한다. 기획가는 동료들의 전문성을 제고시키는데 기여해야 하며, 특히 전문기획가가 되고자 하는 이들에게 참여의 기회를 부여하도록 노력해야 한다. 그리고 다른 사람들의 권리를 존중하고 반대자들을 차별해서는 안 된다.

(4) 기획가 자신

기획가는 전문가로서의 품위를 지녀야 하고 자신이나 동료들의 자격, 견해, 의미 있는 발견 등을 정확하게 제시하여야 한다. 기획가는 기획이론, 접근방법, 기준들이 현상분석에 적합한지를 확인해야 하며 관례적인 해결 방법을 적용시켜서는 안 된다. 기획가는 의도적으로 전문적 지식에 적합하지 않는 잘못된 행위를 해서는 안 되고, 기획의 집행과 관련한 윤리적인 이슈를 체계적이고 비판적으로 분석해야 한다.

3. 우리나라의 기획윤리

줄기세포 연구의 사례에서 보듯이 전문가들의 책임과 윤리의 중요성은 매우 중요하다. 이러한 점은 기획가의 경우도 예외가 아니다. 기획가들은 국가정책이나 사회문제에 대한 발언권이 막강하며 그들의 계획안들이 국가장래에 큰 영향을 미치게 됨은 자명하다.

우리나라의 국토의 불균형적인 개발로 인한 지역격차 심화, 환경오염 및 파괴, 기술관료정치(technocracy)의 폐해 등은 기획윤리의 부재가 낳은 결과이다.

제 4 장
기획의 유형

유형화의 작업을 통해 기획의 기초개념을 보다 더 잘 이해할 수 있다. 이와 같은 기획의 유형은 학자들마다 다양하게 제시하고 있으나 본 장에서는 7가지의 기획의 유형을 소개하기로 한다.

제 1 절 대상기간별 분류

1. 단기계획

단기계획은 정부 각 부처가 연차계획(annual plan)의 형태로 수립하는 것으로서 정부부처의 업무계획을 포함한다. 계획의 대상기간이 짧기 때문에 예산과 일치시키려는 노력이 나타나기 쉽지만 1년 단위의 예산을 집행하는 것과는 다르며 집행기능과 분리되는 것이다.

기획활동은 지속적이고 반복되는 활동이어야 하기 때문에 비록 장기계획과 중기계획을 수립하였다고 할지라도 단기계획이 수립되어야만 중장기 계획을 뒷받침 할 수 있다. 이런 측면에서 단기계획의 중요성이 발견된다. 특히 오늘날과 같이 세계화와 정보화 및 개방화의 속도가 빠르게 전개되는 현실에서 단기계획은 상황대응력을 높이는데 기여할 수 있다. 상황대응력을 높이고자 한 단기계획의 예는 김영삼 정부의 「신경제 100일 계획」이 있다.

2. 중기계획

중기계획은 대체적으로 5년 정도의 대상기간을 가지는 계획이다. 장기계획은 대상기간이 길어 환경의 변화를 수용하기 어렵고, 단기계획은 대상기간이 짧아서 집행적 성격과 유사하므로 이러한 폐해를 줄이기 위해 중기계획이 필요하다. 중기계획은 계획의 가장 일반적인 형태인데 민선직의 임기와 계획의 대상기간이 거의 일치하므로 선거시의 공약을 임기 내에 단계적으로 실천할 수 있어 매력적이다. 중기계획의 예는 「중기재정 5개년계획」이 있다.

3. 장기계획

장기계획은 대체적으로 10년 이상의 대상기간을 가지는 계획이다. 계획의 대상기간이 너무 길기 때문에 전망이나 구상의 성격을 가지는 경우가 많다. 장기계획은 실천가능성이 희박함으로 현실과 유리되기 쉽지만, 정부의 거시적인 방향을 제시하고 국민들에게 미래에 대한 강한 희망을 제공해 줄 수 있다는 측면에서 의미가 있다. 장기계획은 중·단기 계획을 합리적으로 수립할 수 있는 기반을 제공하며, 국가자원의 합리적인 배분과 활용에 기여할 수 있는 장점이 있다. 장기계획의 예는 노무현 정부의 「VISION 2030」, 「국토계획」, 「도시기본계획」, 정부 부처의 「각종 10개년 계획」 등이 있다.

4. 기간의 설정문제

계획을 대상기간별로 단기계획, 중기계획, 장기계획으로 구분할 때에는 다음과 같은 요인이 고려되어야 한다(김신복, 1999: 66~67).

(1) 국내외의 환경

정치적인 안정이 뒷받침되어 있으면 계획의 대상기간이 늘어날 것이고 정치적 상황이 불안정하면 중장기적인 계획의 수립은 별 의미가 없을 것이다. 그리고 국제적으로는 단일의 국가만으로는 국제활동을 수행할 수 없는 글로벌 정치(golbal politic)가 존재하고 자본의 구조변동이 심하기 때문에 이러한 점을 계획의 대상기간 설정시에 충분히 고려해야 한다.

예를 들어 IMF체제 하에서는 불가피하게 중·장기 계획보다는 단기계획의 효율성을 기대할 수 밖에 없다.

(2) 투자회임기간

계획에 따라서는 장기적으로 여러 해가 소요될 대상사업과 단기적으로 집행을 해야 할 대상사업이 나타난다. 이럴 경우에 투자 가용재원과 시장 및 경기순환을 충분히 고려하여 투자손실이 발생하지 않도록 대상기간을 설정해야 한다.

(3) 기획역량

과학적이고 전문적인 지식과 능력이 부족할 때에는 중·장기적인 계획을 수립하기 어렵다. 정부기관에서 중·장기계획을 수립할 때에 외부기관에 연구용역을 의뢰하는 이유는, 관료들의 기획역량 부족과 고유업무 수행에 따른 시간적 제약 때문이다. 그리고 지방자치단체의 각종 계획 수립시에 당해지역의 전문기관 보다 중앙의 국책연구기관을 선호하는 이유도 상향식의 기획체제에 따른 국가계획에의 반영을 기대하는 요인도 있지만, 기획역량을 고려하기 때문이다. 기획역량이 높을수록 보다 합리적인 중장기적인 계획의 수립이 가능할 것이다.

(4) 계획수립의 목적

국민들에게 비전을 제시하고자 한다면 중장기계획이 선호될 것이고, 당면한 문제의 해결에 초점을 둔다면 단기계획이 효과적일 것이다. 중기계획이 계획기간을 민선직의 임기와 연결시키는 것도 정치적인 효용성을 염두에 두고 있기 때문이며, 실천할 의지가 없으면서 표방된 목적과는 달리 정치적 목적을 염두에 두고 수립하는 계획도 허다하게 존재한다.

제 2 절 기간의 고정성에 따른 분류

1. 고정계획

계획의 개시년도와 목표년도가 주어져 있는 경우에 대상기간을 변화시키지 않고 차수별(次數別)로 유지되어 나가는 계획을 뜻한다. 예를 들어 5개년 중기계획인 「제6차 경제사회발전계획」이 수립되어 있을 경우, 목표년도가 끝나면 「제 7차 경제사회발전계획」이 마련된다는 뜻이다. 따라서 한번 수립된 계획의 대상기간은 그대로 유지하되 환경의 변화에 따라 불가피하게 목표나 수단을 수정해야 되는 경우에는 연차계획을 통해 조정해 나가는 것이다.

기획의 실제에 있어서는 동일한 명칭의 계획이 계획의 대상기간 중에 또다시 마련되는 경우도 있는데, 이것은 상황의 변화를 계획에 반영하고자 한 것이지만 대상기간만큼은 여전히 고정시켜 놓은 것이다.

2. 연동계획

연동계획(rolling plan)은 계획의 대상기간을 고정시켜 놓지 않고 계획의 대상기간 동안 수정이나 보완이 필요한 경우에 이것이 가능할 수 있도록 탄력적으로 운용할 수 있는 계획을 말한다. 고정계획에 의하면 계획수립은 개시년도 이전에 이루어지고, 한번 수립된 경우에는 개시년도와 목표년도만은 고정되어 있고 수정이나 보완이 필요한 경우에는 새로운 수정계획이 수립된다.

그러나 연동계획은 개시년도와 목표년도란 개념이 없고 계획은 언제나 수정되고 보완되는 것이다. 따라서 차수의 개념이 없다. 이러한 연동계획의 개념은 정부의 기획활동은 지속적으로 존재해 나가야 한다는 측면에서 매력적이나 현실적으로 적용하는데는 다음과 같은 문제들이 존재한다.

(1) 시간적인 제약

기획활동이 아무리 중요해도 대다수 관료들은 집행활동에 더 큰 관심을 갖고 있다. 그러므로 필요에 따른 계획수립의 경우에만 관심을 보이고 일단 계획이 수립되고 난 이후에는 특별한 이유가 없는 한, 계획의 수정이나 보완에 시간을 할애하지 않는 경향을 띠고 있다.

(2) 재정

기획활동에는 언제나 재정적인 부담이 뒤따른다. 계획을 매번 수정하고 보완하려면 자료나 정보의 수집과 분석에 드는 비용, 기획전문가들에 대한 비용, 각종 회합에 드는 비용, 외부기관에의 용역에 따른 비용 등 재정적인 지원이 뒷받침 되어야 한다. 그러나 반복적으로 수정하는 기획활동에 들어가는 비용을 예산에 반영시키는 것은 쉽지 않다.

(3) 잦은 인사이동

순환보직에 따른 잦은 인사이동은 공무원들로 하여금 연동계획적 사고를 갖기 어렵게 한다. 왜냐하면 새로운 업무를 숙지하고 전문성을 향상시키려면 시간이 걸리기 때문이다.

제 3 절 행정계층별 분류

1. 중앙정부계획

중앙정부계획은 계획수립의 주체가 중앙정부인 경우이며, 국가계획(national plan)으로 일컬어지는 것이다. 중앙정부계획은 정부부처에 따라 독자적인 계획들이 마련되며 계획의 종합성이 요구될 때에는 통합적인 성격의 계획이 수립된다. 「국가균형발전 5개년 계획」이나 「국토계획」은 종합성이 강조된 중앙정부의 계획으로 각 부처의 부문별 계획의 종합으로 자리하고 있다.

2. 지방정부계획

지방정부계획은 계획수립의 주체가 지방자치단체인 경우이며 지방계획(local plan)으로 일컬어지는 것이다. 지방정부계획으로는 지방자치단체의 도시기본계획, 도시계획, 중기재정계획 등이 있다.

지방정부계획은 광역지방자치단체의 계획과 기초지방자치단체의 계획으로 구분된다. 도(道)와 광역시는 당해 행정구역을 중심으로 광역권을 중심으로 계획을 수립하게 된다. 그러나 이것을 광역권 계획(regional plan)이라고 할 수는 없다.

광역권 계획은 중앙정부가 전국을 대상으로 수립하는 경우와 광역적으로 지방자치단체가 연대하여 수립하는 계획이 해당된다. 그러나 우리나라의 경우 중앙정부 중심적인 광역권 계획이 실효성을 가질 뿐이고 지방자치단체가 연대하여 수립한 광역권 계획은 법적 구속력이 적어 그 실효성을 담보하기 어렵게 되어 있다. 광역권 계획 외에 지방자치단체들은 「장기발전계획」, 「도시기본계획」 등을 비롯하여 각 부처별 발전계획 등을 수립한다.

제 4 절 행정계획의 종류별 분류

행정계획은 국정 전반에 걸쳐 다양하게 나타나므로 그 종류를 일률적인 기준으로 구분하기는 어려우나, 크게 행정계획의 내용, 종합성, 구속성 등을 중심으로 다음과 같이 분류된다(오준근, 1998:254~259).

1. 내용별 분류

행정계획은 경제계획, 국토계획, 과학기술진흥계획, 환경계획, 국방계획, 교육계획, 문화계획, 사회보장계획 등 국가 행정작용의 분야마다 각각에 해당되는 계획이 존재한다.

(1) 경제계획

경제계획으로는 유통산업 근대화계획(유통산업근대화촉진법 제10조), 낙농진흥계획(낙농진흥법 제5조) 국유재산관리처분계획(국유재산법 제12조), 등을 들 수 있으며, 이들 계획은 지식경제부, 농림수산식품부 등에 의하여 수립·시행되고 있다.

(2) 국토계획

국토계획으로는 국토종합계획(국토건설종합계획법 제15조), 도시계획(도시계획법 제11조), 오지개발계획(오지개발촉진법 제7조), 등을 들 수 있으며, 이들 계획은 국토해양부, 행정안전부, 지방자치단체 등에 의하여 수립·시행되고 있다.

(3) 과학기술계획

과학기술계획으로는 과학기술진흥계획(과학기술진흥법 제3조), 전기통신기술진흥계획(전기통신기본법 제8조), 대체에너지 기술개발계획(대체에너지 개발촉진법 제4조), 등을 들 수 있으며, 이들 계획은 교육과학기술부, 지식경제부 등에 의하여 수립·시행되고 있다.

(4) 환경계획

환경계획으로는 환경보전장기종합계획(환경정책기본법 제12조), 폐기물처리계획(폐기물관리법 제8조) 등을 들 수 있으며, 이들 계획은 환경부에 의하여 수립·시행되고 있다.

(5) 기타계획

이밖에도 국방계획으로서의 군사시설보호계획(군사시설보호법 제3조), 교육계획으로서의 학술진흥계획(학술진흥법 제5조), 문화계획으로서의 문화예술진흥계획(문화예술진흥법 제3조), 체육계획으로서의 국민체육진흥계획(국민체육진흥법 제4조), 사회보장계획으로서의 직업능력향상계획(고용보험법 제23조) 등이 있으며, 이들 계획은 국방부, 교육과학기술부, 문화체육관광부, 보건복지부 등에 의하여 수립·시행되고 있다.

2. 종합성에 따른 분류

국토공간에 영향을 미치는 계획을 예로 들면 그 대상지역을 총체적으로 다루는가, 아니면 대상지역의 일부만을 특정한 국가적 사업의 대상으로 하는가에 따라 종합계획과 전문계획으로 구분된다.

(1) 종합계획

종합계획이란 일정한 계획지역을 대상으로 하고, 대상지역에 대하여 민간을 포함한 총체적이며 종합적인 내용을 다루는 계획이다.

(2) 전문계획

전문계획이란 도로, 항만, 공항, 핵발전소 등과 같은 특정한 사업과 관련된 계획작용을 의미한다.

3. 구속성에 따른 분류

행정계획은 그 구속성의 여부에 따라서 정보제공적 계획, 유도적 계획 및 구속적 계획으로 구분할 수 있다.

(1) 정보제공적 계획

정보제공적 계획이란 장차 이루어질 행정의 임무를 효율적으로 수행하기 위하여 행정관청들이 개별적인 사업을 위하여 구속성이 없는 계획을 수립하는 경우이다. 양로원 설치프로그램, 공업단지 유치계획 등과 같은 준비적 계획 또는 프로그램이 이에 속한다. 이와 같은 계획은 장차 실현할 개별조치를 위한 일차적 준비단계에 해당된다. 정보제공적 계획은 행정관청에 대하여도 구속력이 없으며, 국민들에게도 아무런 구속력도 미치지 않는다.

(2) 유도적 계획

유도적 계획이란 일정한 법적 형식을 갖추어 발표되지만 일반인과 행정관청을 직접 구속하지는 않고, 그들을 일정한 방향으로 유도하는 작용을 하는 계획을 의미한다. 그 대표적인 예로서 산림법 제6조에 따른 산림기본계획을 들 수 있다. 이 계획은 산림지역과 그 자원의 이용과 각종 산림법상의 보전 및 개발지역 지정의 기본이 되므로 계획담당자 및 기타 행정관청은 계획의 수립 및 기타 조치의 수행에 있어 기준으로 삼아야 한다. 이런 의미에서 전혀 구속력 없는 단순정보적 계획과 구분된다.

(3) 구속적 계획

구속적 계획이란 법적으로 규정된 절차에 따라 수립되며, 일반인과 행정관청 모두에게 구속적 효력을 미치는 계획을 의미한다. 이에 속하는 계획의 예로는 수도법 제3조에 따른 상수도보호구역지정 등을 들 수 있다. 구속적 계획은 각 전문계획법의 규정에 따라 계획담당자에 의하여 법규명령 또는 행정행위의 형식으로 수립되며, 행정관청과 일반 국민 모두에 대하여 구속적 효력을 미친다.

제 5 절 계획의 대상별 분류

1. 경제계획

경제계획은 경제의 성장과 안정을 이루기 위한 계획이다. 경제개발계획은 경기조정, 경기예측, 재정투융자, 재원 및 소득의 분배, 산업구조의 조정 등을 주로 다룬다. 경제계획은 사회주의체제로부터 비롯되었으나 자본주의체제의 선진국가나 후진국가 모두가 수립하는 계획이다. UN이 선포한 개발의 연대인 1960년 이후 각국은 경제계획을 수립해 왔으며, 우리나라의 경우도 제1차 경제개발 5개년계획(1962~1966)」을 수립한 이후 제7차 경제사회발전 5개년계획(1992~1996)」을 수립해 왔다. 그러나

7차 계획 이후부터는 경제사회발전 5개년계획은 수립하지 않고 있다.

2. 공간계획

공간계획은 국토의 공간을 물리적, 시설적인 측면에서 다루는 계획으로 자연환경과 개발의 조화를 이루고자 하는 것이다. 공간계획은 국토의 공간적 관리를 위한 계획으로서 도로, 항만, 공항, 철도, 전력, 정보통신, 용수, 공업단지 등 사회간접자본의 투자계획을 수립하는 것이다. 중앙정부의 대표적인 공간계획의 예는 국토종합계획이 있고 노무현정부에서 수립한 국가균형발전계획이 있다. 그리고 지방정부의 공간계획으로는 도시계획이 있다.

3. 사회계획

넓은 의미의 계획으로 이해하면 인류문화의 발전을 위한 모든 계획내용이 사회계획의 범주에 들어간다. 사회계획의 범위는 정치, 경제, 문화 등을 포함하는 사회과학 분야를 총괄적으로 뜻한다(황용주, 1983:40). 그리고 사회계획은 경제성장에 따른 부작용과 역기능을 해소하기 위해 지역간 또는 계층간의 격차를 시정하고 부의 형평적인 사회적 배분에 초점을 맞춘 것이다.

따라서 사회계획의 대상분야는 매우 광범위하여 환경, 교통, 주택, 보건, 노동, 청소년, 여성, 범죄, 등을 모두 포괄하고 있다. 사회계획은 주로 경제계획이 진행되고 그 성과가 난 이후에 수립된다. 우리나라의 경우 경제발전 5개년계획이 제5차 계획부터 경제사회발전 5개년계획으로 명칭을 변경한 것은 경제성장 이후에 사회분야의 균형된 발전을 도모하기 위한 것이었다. 노무현정부 들어 수립한 VISION 2030, 저출산 고령사회 기본계획 등이 사회계획의 대표적인 예이다.

4. 환경계획

환경계획은 자연환경에 대한 인간의 훼손을 최소화하기 위해 마련된 계획으로 자연 생태계를 인간의 생존을 위한 필수적인 자원으로 이해함으로서 무분별한 환경훼손을 방지하고 가치 있는 자원을 보전하려고 하는 계획이다. 최근의 환경계획은 자원을 절약하려는 계획이 중심이 되고 있으며 생태학적 접근(ecological approach)을 통해 개발과 보존의 조화를 추구하고자 하고 있다. 환경계획에서는 환경적 수용능력, 환경적 민감성, 인간정주(human settlement)의 적합성 등의 개념이 가치판단의 준거로서 자리한다.

따라서 환경계획은 자원의 가치에 대한 무관심을 극복하고 자연생태계의 복합적인 메커니즘(mechanism)을 이해하여 개발로 인한 부정적인 영향을 사전에 극복하고자 하는 계획이다. 환경계획은 공간계획 또는 물리적 계획(physical plan)의 개념을 보다 넓은 차원에서 다루는 계획이다. 최근 지속가능한개발(sustainable development)개념이 환경계획의 신개념으로 등장하였다.

제 6 절 종합성의 정도별 분류

1. 종합계획

종합계획(comprehensive plan)은 개별의 기능별 계획(functional plan)의 종합으로 나타나며 민간부문을 포함하여 수립하는 계획이다. 오늘날 어떤 계획도 다른 분야와의 상호작용관계를 외면하면서 합리적인 계획으로 자리하기는 어렵다. 이에 따라 각 기능별 계획을 전체적으로 취합하여 다룰 필요가 제기되며 계획의 조정이 종합계획의 중요한 관심사로 등장하였다.

따라서 거시적 수준의 국가계획은 불가피하게 종합계획의 성격을 띠게 되며 미시적 수준에서의 기능별 계획들이 상향적 접근에 의해 종합계획으로 자리하기도 하고, 종합계획이 수립되고 난 후 하향적 방법으로 개별기능별 계획들이 수립되기도 한다. 이런 맥락에서 국가의 계획은 논리적 일관성과 체계를 갖추게 된다. 종합계획의 예로는 국토종합계획, 도시기본계획 등이 있다.

2. 기능별계획

단일의 사업 또는 기능을 중심으로 수립되는 계획을 뜻한다. 예를 들어 도시기본계획이 종합계획으로서의 성격을 띠고 있을 때 이와 같은 계획 속에는 개별의 기능 즉, 주택계획, 교통계획, 토지이용계획, 공원계획, 방재계획, 재정계획 등 각 기능별 계획이 포함된다. 이럴 경우에 개별의 기능을 중심으로 계획을 수립할 경우 기능별 계획에 해당되지만, 기능별 계획이라고 해서 종합성의 성격이 결여되어 있는 것은 아니다.

예를 들어 관광개발계획의 경우에 관광이라는 개별기능에 초점을 두고 있지만 종합성의 측면에서 관광종합개발계획이라고 하여 도시환경으로서의 자연환경, 물리적 환경, 인구, 사회, 교통 등을 포함하여 관광여건과 환경을 종합적으로 고려하여 분석하게 된다. 따라서 개별의 기능별 계획의 종합성의 정도는 계획목표와 관련하여 결정된다.

제 7 절 법적근거별 분류

1. 법정계획

법정계획은 법률에 근거하여 수립되는 계획을 뜻한다. 계획이 실천을 염두에 두고 있다면 법적인 근거를 토대로 수립된 계획을 집행해 나가야 한다. 국토종합계획은 국토건설종합계획법에 근거하여 수립되고 있으며, 국가균형발전계획은 국가균형발전특별법, 도시계획은 도시계획법에 근거하여 수립되고 있다.

2. 비법정계획

비법정계획은 법률의 근거가 없더라도 계획주체의 필요에 따라 수립하는 계획이다. 비법정계획은 노무현정부가 수립한VISION 2030을 비롯하여 어메니티(amenity)계획, 새천년계획 등과 같이 법률적으로는 계획수립이 의무화되어 있지 않아 법적인 구속력은 없으나 계획수립의 주체가 그 필요성을 인식하여 독자적인 판단에 의해 수립하는 계획이다.

제 5 장 기획의 과정

행정학분야의 기획이론은 주로 절차이론(procedual planning)을 중심으로 설명되고 있다. 따라서 다음과 같은 기획의 과정을 이해 할 필요가 있다.

제 1 절 광의의 협의의 기획과정

광의의 기획과정은 계획수립과 집행 및 평가가 이루어지고 이것이 환류의 과정으로 연결되는 것이다. 광의의 기획과정은 ①가치형성 ②수단규명 ③실현화의 단계로 구분할 수 있다(Davidoff and Reiner, 1962).

가치형성은 바람직한 상태의 목표를 제시하기 위해 규범적인 논의의 단계를 거쳐 공동체의 의지를 확인하는 것이다. 수단의 규명은 설정된 목표를 달성하기 위한 방안을 모색하고 각 대안을 제시하는 단계이다. 실현화는 수립된 계획을 집행하는 것이며 집행과정에서 시정 및 수정조치가 뒤따르는 것이다.

이에 반해 협의의 기획과정은 계획의 수립자체에 치중하는 것이다. 따라서 목표의 설정, 현황의 분석, 대안의 발견, 최종안의 선택 등의 순서로 기획과정을 설명하는 것이다.

제 2 절 기획수립의 단계

1. 목표의 설정

목표는 기획에 대한 지침으로 자리하며 기획활동의 정당성을 제공하며 기획의 성과를 측정하는 중요한 기준이 된다. 기획목표의 설정은 추구해야 할 바람직한 미래의 상태를 설정하는 것이다. 그러나 바람직한 미래라는 것은 매우 규범적인 성격을 가지므로 목표는 구체화되어야 하며 기획활동을 통해 달성할 수 있는 것이어야 한다.

그러나 목표의 설정시에 흔히 공언(公言)된 목표(stated goal)와 실제적인 목표(real goal)간에 차이가 있을 수 있다. 왜냐하면 기획목표의 수립단계에서 의도적으로 실제적인 목표를 감추는 경우와, 여론이나 대외적인 관계를 고려하여 표방된 목표를 중심으로 계획을 수립하는 경우도 많이 있기 때문이다. 결국 목표는 성취 가능해야 하지만 현실적으로 실현 불가능한 이상적인 목표를 전략적으로 내세우기도 한다.

목표는 언제나 수정될 수 있다는 사고를 가져야 한다. 대안을 검토하는 과정에서 타당성과 실현가능성이 낮은 경우, 새로운 정보와 자료가 획득된 경우, 상황과 여건이 변한 경우, 목표간의 갈등이 초래된 경우 등에 있어서는 언제든지 목표는 수정될 수 있다.

정부기획의 목표는 국가내의 기획의 유형이 하향식으로 전개될 때 조정이 용이하지만 지방자치단체의 자율성이 증가된다면 목표간의 상충된 현상이 나타날 수 있다. 따라서 하향식과 상향식 접근 방법에 따른 조정의 문제가 고려되어야 하는 데 현실적으로는 각국이 처한 기획체제에 따라 그 운용의 실제는 다르게 나타난다.

2. 기획전제의 설정

기획전제란 계획수립의 기초가 될 주요가정이나 미래예측을 의미하며, 계획이 실행될 때의 예측된 환경을 뜻한다(Koontz, 1984:168~183). 따라서 미래의 예견되는 가정과 집행할 때의 조건을 사전에 설정하는 것이다. 기획전제를 설정할 때에는 먼저 기획환경을 고려해야 하며 이럴 경우 현재의 기획환경에 대응적일 수 있는 것만으로는 충분하지 못하며 미래의 기획환경을 염두에 두어야 한다. 즉 예측되는 변화와 그에 따른 적절한 행동을 취할 수 있어야 한다.

이와 같은 기획의 전제는 내적 또는 외적인 기획전제, 질적 또는 양적인 전제, 통제력의 정도 등을 포함해야 한다. 그리고 예측에 있어서는 ①가치의 예측 ②경제적 예측 ③기술적 예측 ④사회, 정치적인 예측 등을 수행해 내어야 한다.

3. 상황의 분석

기획수립의 초기단계에서는 기획현황에 대한 분석이 요구되므로 이 단계에서는 충분한 자료의 수집과 이를 토대로 한 미래의 예측이 필요하다. 주로 기획 전문가들을 통해 현실진단과 미래예측 기법을 모색하는 단계이다.

상황의 분석단계에서는 기존의 문제점, 향후 예상되는 문제점, 장애요인 등에 관한 분석을 토대로 앞으로 전개될 변화에 따른 분석요소들 간의 관계를 잘 규명하여야 한다. 이를 위해 자료수집과 더불어 현장조사, 면접, 관찰, 각종의 통계적기법과 델파이 기법(delphi technique)의 적용 등이 검토될 수 있다. 그러나 상황의 분석과정에서 불확실성이 높을 경우에는 상황 적응적 계획(contingency plan)을 고려해 보아야 한다.

4. 대안의 모색

목표의 설정과 상황의 분석이 끝나면 목표달성을 위한 대안을 모색하게 된다. 대안은 수 없이 나열될 수 있지만, 기획수립주체의 능력과 현실을 고려하여 제한적으로 선택될 수밖에 없다. 이를 위해 가장 손쉬운 방법은 선행적 경험을 토대로 하는 것인데 이것은 시행착오를 줄이는 이점이 있다. 통상적으로 외국의 사례를 예로 드는 것도 선행적 경험의 장점을 살리고자 하는 것이다. 이를 선택적 모방(selective imitation)이라고 하며 흔히 벤치마킹(benchmarking)이란 것도 선례를 통해 대안을 모색하려는 것이다.

대안을 모색하는데 있어 고려하여야 할 요건은 다음과 같다(정정길, 1989:294~295).

① 해결할 문제 또는 달성할 목표를 명확히 하여야 한다.
② 대안을 광범위하게 탐색 또는 개발하여야 한다.
③ 대안이 가져올 결과를 예측하여야 한다.
④ 대안의 결과를 비교·평가하여야 한다.
⑤ 최선의 대안을 선택하여야 한다.

대안이 나열되면 각 대안이 갖는 내용과 영향을 비용편익, 외부효과, 기회비용의 측면에서 분석해야 한다. 비용편익분석은 편익의 현재가치를 비용과 견주어 보는 것이고, 외부효과는 이익이 될 외부경제와 불이익이 될 외부불경제를 판단해 보는 것이고, 기회비용은 생산기회의 이익평가 즉 생산요소를 다른데 투입했을 경우 생산될 수 있는 재화의 가치를 따져 보는 것이다.

대안의 비교평가의 경우는 중요한 요소만을 선택하고 이를 중심으로 비교 분석하는 방식과 대안이 갖는 차이점만 찾아보는 방식이 있으나 결국은 현실적으로 대안은 2~3개 정도로 나열된다.

그리고 최선의 대안을 선택하려면 대안의 실현가능성을 검토해야 하며 다음의 측면이 고려되어야 한다(정정길, 1999:346~ 351).

① 기술적 실현가능성이다. 이것은 대안의 기술적인 측면으로서 실현의 가능한 정도를 의미한다.
② 재정적·경제적 실현가능성이다. 이것은 대안을 집행하는데 있어 재정적·경제적 확보의 가능성을 의미한다.
③ 행정적 실현가능성이다. 이것은 대안의 집행을 위한 조직, 인력의 이용가능성을 의미한다.
④ 정치적 실현가능성이다. 이것은 대안의 채택이나 집행과정에서 정치적인 지지가능성의 여부를 의미한다.
⑤ 시간적인 실현가능성이다. 이것은 대안이 집행되는 기간을 수용할 수 있을 것인가를 의미한다.

5. 최종안의 선택

마련된 대안 중 최종안을 선택하는 것은 기획체제의 의사결정구조와 관련하여 선택된다. 예를 들어 최고결정권자의 의지와 공약사항에 따른 선호도가 높은 대안이면 이것이 채택될 가능성이 높다. 이런 점 때문에 최고결정권자의 가치판단이 중요하다. 최종안의 선택에 있어서도 불확실성(uncertainty), 실천가능성을 거듭 확인하고 이해관계자의 동의를 얻는 과정을 거쳐야 한다.

6. 집 행

채택된 최종안은 집행의 단계를 거친다. 집행과정에서는 언제나 예상치 못한 문제점이 나타나기 마련이다. 계획이 효율적으로 집행되려면 부수적인 법령 및 추진 일정이 체계적으로 정비되어야 하고 특히 인적자원 및 재정자원에 대한 지지가 확실히 보장되어야 한다(이성복, 1999:271).

그리고 실천할 수 있는 세부계획을 수립하여 추진해 나가되, 문제점이 발견되면 언제나 시정조치를 행할 수 있는 메카니즘을 가져야 하며 환류의 장치를 통해 연동계획이 수립될 수 있도록 하는 것이 이상적이다.

7. 평 가

평가란 기획의 내용이나 집행 그리고 그 효과 등을 측정하며 사정(査定)하는 것을 의미한다. 이와 같은 평가를 통하여 기획목표의 달성도의 측정, 기획에 대한 국민의 만족도 등을 확인할 수 있다. 평가는 과정평가와 영향평가로 구분되며 과정평가의 기법은 평가성 평가, 모니터링, 정확성 평가, 정책구성요소에 대한 상대적 평가 등이 있다. 그리고 영향평가의 기법은 준실험, 유사실험, 회귀분석, 능률성분석 등이 있다(최신융 외, 2003:97~100).

이와 같은 과정평가와 집행후의 총괄평가가 끝난 후에는 그 결과가 차기의 기획에 환류(feedback)될 수 있도록 하여야 한다.

제 2 부

기획이론

제 6 장 기획이론의 유형

기획이론의 지적 전개과정은 복잡하다. 기획이론과 그 유형에 관한 일치된 견해가 결여되어 있지만, 여기서는 그 동안에 제시된 기획이론 중 대표적인 것을 기획관과 관련하여 살피기로 한다(Faludi, 1976:3~18).

제 1 절 절차이론

기획이론에서의 절차이론(procedual theory)은 기획과정 자체를 어떻게 하면 가장 효율적으로 전개해 나갈 수 있는가에 관심을 두면서, 보다 나은 절차의 개선을 목표로 하고 있다. 절차이론은 기획의 대상분야와 관계없이 어떤 형태의 계획일지라도 공통적으로 적용될 "절차의 일반화"를 정립할 수 있다고 보는 것이다. 이와 같은 절차이론은 합리적 기획모델, 옹호적 기획모델, 교호적 기획모델, 혼합주사 모델이 있으며 각기 다양한 규범적 관점을 내포하고 있다.

1. Davidoff와 Reiner의 견해

Davidoff와 Reiner는 절차적인 입장에서 선택이론을 제시하고 있다. 이들은 기획이란 "선택의 연속을 통하여 적절한 미래의 행동을 결정하기 위한 과정"이라고 정의하였다(Davidoff, 1962). 선택이론은 개인들은 선호를 가지고 이에 따라 행동하며 행위자의 선호는 다양하고 자원은 희귀하며, 기획이 도입되는 실제는 유기적인 구조내에서만 가능하고, 인간은 불완전한 지식을 지니고 있다는 가정에 기초하고 있다.

선택이론에 따르면 기획과정은 다음과 같이 나타나는바,

① 목표와 기준의 선택 : 기획과 환경의 문제에 대한 것을 다루어 실재(實在)의 세계를 묘사한다.
② 대안들의 규명과 바람직한 대안의 선택 : 능률과 합리적 행위를 다룬다.
③ 결정된 목표를 위한 활동의 선택 : 기획활동과 다른 유형의 활동을 구별지우는 요소들을 규명한다.

결국 이들 주장의 핵심은, 비효율적인 것을 제거하여 현명한 선택을 행해 나가자는 주장과 더불어 특히 "절차이론과 내용이론의 분리된 시각으로는 기획을 제대로 다룰 수 없다."는 데 있다. 이에 따라 선택의 범위를 넓히기 위한 작업이 요구되며 이는 곧 참여의 확대를 시사하고 있다.

2. Reade의 견해

절차적인 기획이론에 대해서 Reade는 "실재(實在)하는 현상이나 사실을 설명할 일반성을 찾지 못하였고 특별한 정책이나 결정 및 운영형태가 특별한 결과를 보장한다는 것을 보여주지도 못한다."는 점에서 이론이 아니라고 하여 이를 비판하였다. 그러므로 절차이론은 덜 성숙되고 덜 개발된 단편적인 것들을 이론적인 위치로 옮겨 보려는 시도에 불과하다는 것이다. 실제로 영국의 도시 및 지역계획의 운용과 그 결과의 해석에서 절차이론의 틀이 사용된 적은 없었다는 비판이 이를 뒷받침 한다 (Flybjerg, 1982:44).

제 2 절 내용이론과 사회이론

내용이론(substantive theory)은 기획활동에 필요한 분야별 전문지식에 관한 이론으로서 기획의 대상에 관한 전문적인 지식체계를 뜻한다. 그러나 내용이론은 기술적이고 분석적이나 규범적인 측면을 외면하고 있다는 비판과 더불어 사회이론(theory for planning)이 제시되고 있다(McConnell, 1981:12). 사회이론은 정치 및 도덕론과 관련을 맺고 있다. 사회이론과 관련된 시각을 살펴보면 다음과 같다.

1. 인본주의적 이론화

"합리적이고 과학적인 기획관점이 인간을 도구적인 측면에서 다루고 있다"는 비판은 이미 제기되었지만, 1970년대에 이르러 기획에서의 인본주의적 이론화를 시도하려는 노력들이 나타났다. 특히 "사회적 학습의 강조로서의 기획관"을 예로 들 수 있는데, 이는 교환거래관계의 설명으로 구체화되고 있다. 교환거래적인 기획과정이란 참여, 조정, 통합 및 기획자체의 평가가 지속적으로 이루어져야 한다는 것이다(Wilson,1980:140).

즉 기획가의 생각과 주민들에 의해 실천되는 행동 간의 상호학습과정에 비중을 둠으로써 계획에의 참여를 강조하는 입장이 담겨있는 것이다.

그러나 이와 같은 신인본주의에 관한 것은 이론적이기보다는 오히려 규범적인 시각을 대변한 것으로 여겨진다. 왜냐하면 이들은 물리적 계획에 신인본주의를 어떻게 적용하여 수행할 수 있는지에 관해서는 설명하려는 시도가 보이지 않기 때문이다.

이와 더불어 목표지향적 계획, 사회적 계획, 옹호적계획 등이 Davidoff나 Guns에 의해 설명되고 있으나, 이들 모두가 이론적인 위치보다는 사회적인 철학을 담고 있다고 하겠다.

2. 학습적응적 접근

Friedmann과 Hudson에 의한 학습적응적 기획(learning adaptive planning)은 기획에 대한 합리주의자들의 실패와 혼란한 환경의 등장 때문에 기획의 주된 관심을 인간의 사회심리적인 계발(啓發)에 두고 사회적 학습의 형태로 기획 그 자체를 이해하고자 한 것이다. Emery는 이러한 학습적응적인 기획은 ① 관련된 정당들의 가치에의 동의 ② 지속적인 학습 및 적실성을 가능하게 하는 변동과정의 설계 ③ 참여를 위한 사회적 메카니즘의 설계 등의 기본전략이 뒤따라야 한다고 보았다(Wilson, 1980:137).

3. 신정치경제

인본주의에 입각한 Harvey, Castells, Dunleavy등의 신정치경제나 기획의 네오마르크시즘의 견해들이 있는데, 이들의 주장은 환경에 의해 경제나 사회의 영역에서 작동하는 본질적인 주제에 관한 관심을 표명하고 있다. 그러나 개발을 수행하는 국가의 활동과 개발에 대한 국가의 통제를 구별해 내지 못하며 일관성이 없거나 인식론적으로 혼동되어져 있다는 비판을 받고 있다.

제 7 장
의사결정이론

기획이란 예측가능성을 염두에 둔 의사결정과정으로 정의된다(Harris, 1972). 따라서 의사결정과정과 관련한 기획의 접근방법을 고찰해 볼 필요가 있다. 이에 관해서는 논자에 따라 다양하게 설명하고 있다. Faludi는 청사진적 접근, 과정적 접근, 합리적·종합적 접근 그리고 부분적·점진적 접근으로 구분하고 있다(Faludi,1976:131~170). 그리고 Wilson은 합리적 접근, 점진적 접근, 혼합·주사적 접근, 일반 체제론적 접근, 학습·적응적 접근 등을 열거하고 있다(Wilson, 1980:117).

그러나 이와 같은 접근방법도 연구자에 따라 이론으로 표현하여 설명하기도 하고, 편의상 기획의 유형으로 구분하여 설명하기도 한다.

제 1 절 합리적·종합적 접근

1. 개 념

합리적·종합적(rational comprehensive) 접근 방법은 기획가가 어떻게 목표를 명확히 할 것이며, 체제분석가로 하여금 어떠한 정책대안들을 마련토록 할 것인지, 그리고 이들 대안들 간의 선택기준을 어떻게 설정하며 채택된 대안의 집행과 시정조치의 결과를 어떻게 반영할 것인지 등에 관한 일련의 절차를 의미한다(Benveniste, 1990:57).

합리적·종합적 접근은 기획의 지배적인 접근방법으로 최선의 대안선택모형, 순수합리모형 및 개략적 방법(synoptic method)등으로 다양하게 일컬어져 왔다. 이 접근 방법은 무엇보다 전지전능한 인간(omniscient human beings)을 가정하고 목표에 맞는 적합한 행동을 선택하는 실질적 합리성(substantive rationality)을 모색하는 데에 중점을 두고 있다(Simon, 1979:65).

문제는 합리성의 개념에 관한 것으로, Diesing은 합리적인 기획과정이란 하나의 질서가 새로운 질서로 창조적으로 변화하는 것이라고 하면서 정확하고 증명할 수 있는 형태로 우리의 이성(reason)을 찾아가는 지름길을 합리성(rationality) 이라고 설명하였다(Diesing, 1962).

합리적·종합적 접근은 주어진 목표를 성취할 수 있는 각 대안들 중에서 가장 효과적이며 능률적인 것을 선택하는 과정을 뜻한다. Simon은 주어진 최종의 목표를 달성하기 위한 최선의 수단적 합리성을 추구하기 위해 목표-수단의 연쇄관계의 논리로 설명한 바 있지만, 이것은 기획가가 "상황의 종합적인 분석을 행하고 최적 대안을 선택하는 것이 가능하다"고 보는 당위적이고 이상적인 접근 방법을 의미한다.

2. 합리적 의사결정 과정

합리성 개념의 인식을 토대로 하여 의사결정자들은 다음과 같은 일련의 절차를 시도하려고 한다(Rondinelli, 1976:75~82).

① 목표와 정의의 규명
② 관련 환경 및 전략적 상황의 분석
③ 사업 경향, 수요, 기회 및 제약 조건 검토
④ 목표를 운영적 목적으로 전환
⑤ 목표 달성을 위한 대안적 절차의 검토
⑥ 각 대안들의 비용과 편익 추계
⑦ 발생할 미래의 가능성과 야기될 경향의 예측
⑧ 비경제적인 수익, 손실 및 각 대안의 결과 예측
⑨ 최적 대안 및 행동의 선택
⑩ 채택된 행동 절차를 종합적 장기적으로 통합하는 절차 등이다.

이에 따라 이상적인 합리적 기획과정은 모든 사회 가치의 이해와 모든 선택적 정책에 관한 정보, 선택적 정책이 지닌 결과를 정확하게 예측하는 능력, 여러 대안의 편익을 정확하게 계산하는 지적 능력, 그리고 무엇보다도 정책 형성에 있어서 합리성을 지원하고 이용하는 의사결정 체계 등을 필요로 한다(Dye, 1972:27).

이상과 같은 과정을 밟으면 모든 선택 상황에서 다른 어떤 대안들 보다 바람직한 결과를 가져오는 단 하나의 제안이 나올 수 있으나, 대부분의 선택 상황은 이해관계인, 불확실성, 시간의 변화 등을 내포하고 있어서 제안을 위한 과정이 합리적이 아니거나 결코 합리적일 수 없는 경우가 존재할 수밖에 없는 것이다.

3. 유용성

Faludi는 합리적인 기획으로 인해 얻어지는 것은 자기 학습과 장래의 성장을 얻기 위한 능력의 증진이라고 하면서 합리성에 관한 일련의 절차를 모색하는 것 그 자체가 성장과정의 일부라고 하였다(Faludi,1979:35).

합리성을 토대로 종합적인 접근을 시도하는 경우에는 다음과 같은 유용성이 제고된다(Benveniste, 1990:61~64).

① 종합적인 접근은 단편적인(piecemeal) 접근보다는 훨씬 많은 정보를 제공한다. 예를 들어, 국가경제계획의 수립에 있어 종합적인 접근은 부문별 계획보다 개념상으로 우월하다. 왜냐하면 훨씬 많은 정보를 제공하는 거시모델의 적용이 가능하기 때문이다.

② 종합적인 접근은 비밀을 유지하려거나 자신들의 세력을 보호하려는 집단에 대한 정보를 획득할 수 있게 한다.

③ 종합적인 접근은 체제전체의 관점에서 당면한 쟁점들을 파악할 수 있게 한다. 따라서 편협한 이해관계를 벗어나 공공의 선(public good)이란 관점에서 기획을 다룰 수 있게 한다.

4. 요건과 한계

(1) 요 건

합리론의 요점은 의사결정 과정은 오직 하나의 명확한 목표가 주어져 있고, 의사결정자가 목표를 달성할 수 있는 모든 대안과 그 대안이 초래할 결과를 완전히 알며, 또한 자신의 선호나 목표와 관련하여 대안들 간의 우선순위를 정할 수 있고, 이를 토대로 대안 중 목표를 가장 효과적으로 달성할 수 있는 최적안을 선택한다는 것이다.

최적안을 선택한다는 것은 의사결정자의 행태를 합리적이라고 가정한 것이어서 불가피하게 규범적 요소를 많이 내포하고 있다. 사실상 합리적이고 종합적인 선택을 하기 위해서는 다음과 같은 요건이 필연적으로 충족되어야 한다(Dror, 1968:132).

① 의사결정자는 관련된 모든 이해관계자들이 공통적으로 인식하고 있는 문제를 찾아내야만 하고, 목표의 달성에 기여할 수 있는 모든 대안을 인식하여야만 한다.

② 의사결정자는 각 대안의 선택에 따른 모든 결과를 예측하여야 하고, 각 대안의 결과를 비교하여야 하며 목표의 달성을 극대화시킬 수 있는 대안을 선택하여야 한다.

③ 목표와 관련된 모든 다른 가치와 자원들의 상대적인 비중을 종합적으로 조사하며, 가능하다고 생각되는 모든 대안을 조사하여야 한다.

④ 관련가치와 자원에 미친 영향과 비용 및 편익에 대한 타당한 종합적 예측을 수행하여야 한다.

⑤ 예측을 근거로 확률을 적용하여 각 대안의 순편익 또는 순비용을 산출하고, 가장 높은 최선의 대안을 선택하는 과정을 거쳐야 한다.

(2) 한 계

① 미래예측의 문제

합리적·종합적 접근은 그 실천 과정에서 가능한 행동 대안의 기대치를 예측하며, 모든 가능한 대안의 결과를 사전에 분석하고 그 중에서 목표 달성을 위한 가장 합리적인 대안을 발견하는 작업이 요구되고 있다. 그러나 인간의 인식능력의 한계나 사상(事象) 자체의 본질적 속성, 경제적 타당성에 대한 의문 등으로 완전한 미래 예측은 불가능 하다. 따라서 변수의 범위를 줄이는 부분 적정화(sub optimization)를 통한 미래예측이 합리성을 확보하는 대안이 되고 있다.

② 지식의 문제

결정 작성에 있어서의 불확실성은 사회적 제도, 기술적 가능성, 목적 가치, 교란된 환경(turbulent environment)의 형성, 사회적 모형의 유용성의 한계 등에 존재한다. 불확실성은 확실한 지식(sure knowledge)이 결여되어 있는 상태를 뜻하지만 인간이 내리는 의사결정에도 불확실성이 존재하고 있다.

③ 우선순위의 문제

행정기능을 수행하는 부처들은 개별적으로 자기부처의 과업이 매우 중요하다고 판단하여 독자적인 목표를 설정하기 마련인데 그 목표가 다른 기능적인 목표들과 상충될 때 우선순위를 부여할 논리적 근거를 갖지 못한다.

④ 조정의 문제

조직행위에 대한 경험적 연구의 결과는 조정이 현실적으로 성공하기는 어려운 것으로 나타났다.

⑤ 민주적 절차의 적용

개인은 기술적 합리성, 경제적 합리성, 법적 합리성, 사회적 합리성, 실질적 합리성을 놓고 어느 것에 기초하든지 간에 이에 관한 선택행위를 할 수 있지만, 복합적인 선택과 결정이 이루어지는 조직의 선택행위와 결정과정에 있어서는 민주적인 절차를 적용할 수 없는 경우가 많이 있다.

제 2 절 합리적·종합적 접근의 수정

1. 만족화 모형과 간소화 모형

(1) 만족화 모형

개인이 고도의 합리성에 도달하기는 매우 어렵다. 왜냐하면 다루어야 하는 대안의 수가 너무 많고 대안을 평가하는데 정보가 너무 광범위하기 때문에 목표합리성(objective rationality)에 접근하기 어렵기 때문이다. Simon은 종합적 합리성을 비판하면서 의사 결정자는 합리적이고 종합적인 결정의 노력을 회피한다는 점을 인식하고 제한된 합리성 이론(bounded rationality theory)을 발전시켰다. 즉 "선택은 합리적이지만 그럼에도 불구하고 선택은 행해진 실제 상황에 의해 제한된다"고 하였다.

모든 의사결정자는 가치 있는 산출을 극대화하려고 하지만 합리적 종합적 선택의 한계는 존재한다. 이에 따라 Simon은 만족화 개념을 도입하였다. 만족화 모형은 현실의 의사결정자가 한정된 능력만을 가지고 있다는 인식을 토대로 한다. 그리고 의사결정 과정을 지배하는 것은 최적화의 기준이 아니라 만족화의 기준이라고 가정한다.

만족화 모형의 핵심은 여러 가지 대안 중에서 하나의 대안을 선택하는 기준을 만족할 만한 수준에서 찾고자 하는 것이다. 즉 주위에서 쉽게 찾을 수 있는 대안을 우선적으로 검토하여 그 대안이 문제해결에 만족할 만한 수준이면 그대로 채택하는 것인데, 최적화 수준 대신에 만족화 수준을 취하는 것은 제한된 합리성의 원리가 적용되기 때문이다.

Simon의 만족화 모형은 합리 모형에 비해 비합리적 요소를 많이 고려하여 보다 현실에 가까운 이론을 제시하였다는 점에서 그 의의를 찾을 수 있다. 그러나 만족화 기준을 형성하는 변수가 무엇인지는 명확히 밝히고 있지 않다. 제한된 합리론과 만족화 모형의 개념은 종합적·합리적 선택의 한계점을 강조하지만 무엇이 비합리적이거나 불합리한 행태인지에 대한 언급이 없는 아쉬움이 있다.

(2) 간소화 모형

간소화 모형(simplifying model)은 "인간은 인식능력의 한계로 외부환경에서 일어나는 모든 문제를 완전히 이해하는 것이 불가능 하므로 이것을 간소화하여 인지하게 되며, 이에 따라서 다양한 목표나 문제 중에서 자기와 관련된 부분만을 관심의 대상으로 삼게 되며 관심 자체도 계속 변화 한다"는 것을 전제로 하고 있다.

간소화 모형에서는 목표를 간소화하기 위하여 요소화(factoring)하여 몇 가지만을 먼저 평가하여 이것이 목표 달성에 부적절한 경우에 비로소 다른 대안을 고려하는 순차적(sequential) 방법을 택하도록 하는 것이다.

또한 관례화된 결정(routinized decision)을 염두에 두어 유사한 문제를 해결하려고 할 때에는 기존의 지침서를 사용함으로써 합리성을 제고시킬 수 있다는 것이다.

2. 부분적·점진적 접근

(1) 개 념

현실을 긍정하여 다소 개선되고 향상된 수준에서 결정하게 된다는 뜻에서 부분적·점진적 접근이 나타났다. 이것은 상황에 대해 약간의 개선을 추구하는 제한된 수의 대안을 검토하고 선정하는 것으로, 기존의 정책과 유사하거나 연속성이 있는 대안들을 비교 분석하는 과정을 의미한다.

부분적·점진적 접근은 합리적·종합적 접근을 비판하는 입장인데 "현실적인 정책선택에 있어 합리적·종합적 접근의 요구 조건을 제대로 충족시키는 것은 불가능하다"는 것이다. 현실적으로 볼 때, 변화는 일시적으로 일어나는 것이 아니라 부분적·점진적으로 나타나며, 따라서 그만큼 합리성이 작용하는 범위는 제한된다. 즉 현재 추진되고 있는 정책대안과 근본적으로 다르지 않고 현상을 약간 개선할 수 있는 제한된 수의 대안만을 검토하여 선택하는 것이 가장 타당한 처방이라는 것이다(Lindblom, 1958:175).

부분적·점진적 접근의 입장은 의사결정자는 현상과 조금 다른 목표만을 고려하며 각 대안의 결과 중 일부만을 예측하고 목표와 각종 대안을 조정 하도록 하는 것이다. 그리고 새로운 정보를 얻는 과정에서 계속적으로 문제, 목표, 목적, 대안 등을 재정립하고 단계적으로 대안을 분석하고 평가한다. 그래서 선택은 시간에 따라 계속 수정되며, 현존하는 사회문제를 완전히 해결하는 것이 아니라 계속적으로 교정해 나가고 분석과 평가의 책임을 사회 속의 여러 집단과 공유하자는 것이다(Dunn, 1981:227).

(2) 부분적·점진적 접근의 전략

부분적·점진적 접근의 주요전략은 다음과 같다(Wison, 1980: 126~127).

① 정책분석가들은 현존하는 사회 상태의 점진적 변경에 초점을 두어야 한다.
② 제한된 대안들만 고려한다.
③ 분석이 더욱 관리 가능하도록 하기 위해 제한된 정책 결과만 고려한다.
④ 대안적인 목표와 목적은 가정된 수단과 그 결과에 적응되도록 해야 한다.
⑤ 수단과 목표는 함께 선택하고 대안은 새로운 현상과 그 현상을 진전시키는 것으로 재구성한다.
⑥ 분석은 작은 일련의 변화로서 진행한다.
⑦ 목표는 고정된 것이 아니고 재탐구 되고 재발견되는 것이다.
⑧ 분석은 목표 지향적이기보다는 병폐(ills)의 치유에 둔다.
⑨ 분석과 정책결정은 사회적으로 분리되며 사회내의 여러 측면에서 꾸준히 일어난다.

(3) 부분적·점진적 접근의 한계

점진적 의사결정 전략은 분석가로 하여금 적극적으로 목표를 향해 나아가게 하기 보다는 오히려 현재의 폐해를 제거하는데 있다. 이 처방은 근본적으로 보수적이고 대중적인 결정 방법이며 목표지향적 이기보다 문제지향적인 접근방법이다(Etzioni, 1967:385~392).

그리고 점진론은 과거의 정책결정을 기초로 하게 되는데 과거의 결정이 반드시 타당한 것인가에 대한 아무런 보장이 없으며, 발전의 속도가 빠른 현대사회에서 점진적 변화의 속도만으로 적응하기가 어렵다는 점과 선례가 없는 새로운 문제의 해결 방법을 어떻게 마련할 것인가에 대한 비판을 받는다.

3. 혼합·주사적 접근

(1) 비판에 대한 대안

합리적·종합적 접근에 대한 비판의 대안으로서 혼합·주사적(mixed-scanning) 접근이 있다. 이 모형은 합리적·종합적 접근방법은 목표에 대한 수단의 관계와 가치의 실제화를 위한 지침적 메카니즘의 제공에 실패했을 뿐만 아니라, 그 필수조건들이 현실세계에서 충족될 수 없다고 본다.

그리고 합리적 의사결정은 효과적 행동을 방해하며 너무 비현실적인 이상적인 태도를 취하였고, 부분적 점진주의의 방법은 너무 보수적이고 근시안적일 뿐만 아니라 비혁신적인 정책결정을 정당화하는 경향이 있다고 보았다(Faludi, 1973:127~186).

따라서 혼합·주사의 과정은 개괄적 주사에서 세부적 주사로 이어지는 일반적인 것만은 아니고, 세부적 대안탐색의 단계나 집행단계에서도 시점을 정하여 전체적이고 거시적인 주사를 반복하여야 한다는 것이다.

혼합·주사적 접근은 상황의 급변에 따라 새로운 목표 내지 근본적 결정에의 적절한 전환을 가능케 하는 촉발 장치(trigger mechanism)를 갖추고 있다. 따라서 혼합 주사적인 접근 방법은 거시적 조사와 미시적 분석을 동시에 행하여 합리적·종합적 접근과 점진적 접근 전략을 절충 사용하여 서로의 결함을 상호 보완하려는 것이다.

그 구체적인 방법은 여러 대안 중에서 적실(relevant)하다고 생각되는 것을 검토하고, 검토 과정 중에서 채택된 것만을 다시 검토하여 최종안을 만들며, 채택된 대안의 집행단계를 구분하되 매 단계마다 폭 넓은 주사를 반복한다. 결국 이 전략은 기본적인 방향을 설정하는 고차적인 일반적인 결정과 그 안에서 세부적인 사항을 다루는 하위 결정으로 나누어 각각에 대한 접근 방법을 달리하는 것이다.

그리고 결정작성의 경우, 광범위한 문제에 일반적 방향을 제시하는 결정행위와 그러한 결정행위의 틀 안에서 그 지시에 따라서 작은 집행적인 문제에 대한 결정을 하는 두 가지의 결정행위로 구분하고, 전자는 근본적 결정(fundamental decision)으로서 종합적인 합리성이 필요하며 후자는 세목적인 결정(bit decision)이라 하여 수단적 합리성이 필요하다고 보았다(Etzioni, 1967:386~392).

(2) 융합의 정도

혼합·주사적 접근은 합리적·종합적 접근과 부분적·점진적 접근 모두에 근거를 두고 있으나 이 두 가지 방법의 융합의 정도는 문제의 성격에 달려 있다. 문제가 성격상 전략적일수록 합리적·종합적 접근방법이 좋으며, 역으로 문제가 성격상 운영적일수록 부분적 점진적 접근이 알맞다.

그러나 어떠한 상황에서도 접근방법의 융합은 필연적이어서 어느 한 방법만이 사용하지 말고 두 방법을 효과적으로 조화시켜 사용해야 한다 (Dunn, 1981:231~ 232).

이러한 혼합·주사적 접근방법은 독창적 새로운 모형은 아니며, 실제로 근본적인 결정과 세목적인 결정 자체를 명확히 구분하기 어렵다는 점에서 비판을 받는다.

제 8 장 실증적이론과 규범적이론

기획이론은 논리적 실증주의적인 기획이론에서 규범적인 기획이론으로 전개되어 왔으나 기획의 실제문제의 해결을 위해서는 양 가지의 이론이 동시에 적용되어야 할 것이다. 이 장에서는 실증적이론과 규범적이론의 지적기반과 그 논리를 고찰해 보고자 한다.

제 1 절 실증적 기획이론

1. 지적기반

논리적 실증주의자들은 합리성에 대한 목표와 수단의 개념이 실제적으로 유용하며 필요한 것으로 보고 있다. 합리성에 대한 목표와 수단을 강조하는 이들의 관점은 "특정인의 행위란 목표달성을 위한 수단의 제공으로 정당화되며 이러한 토대 위에서 합리적으로 평가될 수 있다."는 것이다. 그리고 "경험적 과학만이 체계적이고 신뢰성이 있는 지식을 산출하는 수단"이라고 여겼다.

논리적 실증주의자들의 가정은 그들이 "분석적인 진술은 인식적으로(cognitively)의 의미가 있다."는 것이다. 그리고 입증할 수 있는 원칙을 강조하는 그들은 종합적(synthetic) 진술인 경우 경험적으로 타당한 것으로 간주되면 이러한 것도 인식적으로 의미가 있는 것으로 보고 있다(Klosterman, 1987:58).

그러나 논리적 실증주의자들의 합리성에 대한 목표와 수단의 개념은, "기획과정의 외부에서 설정한 목표(부여된 목표)에 의해 수단의 실제적인 고려는 제한될 수밖에 없다."는 수단적 관점을 내포하고 있다. 즉 기획이 공공정책결정에 대한 합리적인 적용을 뜻한다면, 기획가는 당연히 합리적으로 고려될 수 있는 문제에 대해 그들의 관심을 제한할 수밖에 없는 것이다(정덕주, 1994:72~73).

2. 비판과 한계

논리적 실증주의자들의 관점은 목표와 수단의 연쇄로서도 정당화될 수 없으며, 개인적인 선호나 기호의 문제를 선택하는 최종의(ultimate) 목표단계에서는 이들의 논리가 멈출 수밖에 없다는 사실을 간과하고 있다. 논리적 실증주의를 토대로 한 수단적 기획관은 '과학적 방법과 이론을 사회문제에 조직적으로 응용하는 것'을 기획이라고 보았다. 수단적 기획관에 의하면 기획가는 사실적인 자료를 수집하고 분석하는 가치중립적인 기술자의 역할이 주가 된 채, 목표설정이나 가치지향적인 기능과는 유리된 상태에 머무를 수 밖에 없다.

목표와 수단의 관점에서만 볼 때 행동의 경로로서 합리적인 고려라는 것은 단지 계획된 목표를 달성하기 위한 적절한 수단의 선택만으로 구성될 수 있을 뿐이다. 그러나 윤리적인 문제 앞에서는 그 해결책을 제시하지 못하고 있다.

어떠한 경우일지라도 목표가 설정되었을 때에는 그 목표가 종종 애매하거나 갈등을 유발하기 마련이어서, 기획가와 행정가들은 세부적인 계획을 준비하고 구체적인 정부활동을 평가하기 위해서 실제적인 결정(substantive decisions)을 행할 수 밖에 없는 것이다.

3. 실증적 기획의 한계

실증적인 기획의 한계는 다음과 같다(정덕주, 1994:74).

① 기획의 실제에 있어서는 장기적이고 궁극적인 목표가 기획활동 이전에 먼저 결정되어 제시되기 어렵다.

② 기획가들이 수집, 분석, 제시하는 정보자체가 이미 기치판단적인 요소를 내포하고 있다.

③ 공공부문의 경우는 기획의 대상 및 파급효과 면에서 윤리적이고

정치적인 요소를 배제할 수 없다.

④ 수단적기획의 기초인 실증주의의 경우에 있어 과학적 이론은 일반화된 보편적 진술로 이뤄진다.

⑤ 실증주의자들의 주장들이 비록 관찰을 통해 검증가능한 것으로 보고 있지만, 관찰의 증명일지라도 어떤 법칙의 진실을 궁극적으로 확정시킬 수는 없다.

4. 반증주의와 갈등론

Popper는 과학적 진술과 비과학적 진술을 구분하는 기준인 검증주의를 비판하면서, 반증주의를 과학철학에 도입하고자 하였다. 그는 경험과학에서 사용된 귀납적 방법으로는 어떠한 명제의 진리도 확정시킬 수 없고 다만 반증의 논리만 존재할 뿐이라고 하였다.

따라서 반증론자의 입장에서 과학적이론은 단지 추정적이론(putative theory)으로 자리할 뿐이다. 과학의 목적이 보편적인 진술을 발견하는데 있으므로 "과학적인 명제는 증명된 사실명제여야 할 뿐만 아니라 반증가능한 사실 명제여야 한다"는 것이다(Popper, 1969).

또한 합리성을 신봉하는 이들은, 공익이라고 일컬어지는 어떤 이익이 존재할 것이라는 매력적인 명제를 포기하지 않고 있다. 이러한 이론가들은 사회에 최소한 어느 정도의 합의형성(consensus)이 있길 희망하지만, 사회란 갈등에 의해 특징지워지고 있다(Forester, 1989: 82~103).

이와 같은 갈등론적인 견해는 "일치된 여론을 통한 이데올로기와 사회갈등의 실제사이에 긴장이 존재하고 있다."는 사실을 지적하고 있다. 이는 곧 검증할 수 있는 이론의 정립을 위한 적절한 기초의 부재를 의미하는 것이다.

제 2 절 규범적 기획이론

1. 이론적 배경

기획에서 규범적인 문제들을 다루려는 동기는 근본적으로 가치중립적인 기획이 불가능하다는 점 때문이다. 이런 점은 기획 이론가와 실무자 사이에 광범위하게 인식되어 왔다. 즉 기획이란 현재의 행위자들의 광범위한 이해관계를 포함하는 중요한 정치적 문제를 내포하고 있고, 기획가들의 처방이란 것도 사회의 중간계층 구성원들이 수용하기 힘든 편견을 반영해 왔다는 반성에서 비롯된 것이다.

오늘날 기획이론에 대한 주된 논의는 전문주의의 재검토 요구와 실용주의적인 정치 및 기획의 윤리적인 측면에 초점이 맞추어져 있다. 분명히 수단적 기획(instrumental planning)의 개념은 많은 문제를 제기해 왔다. Friedmann과 Faludi는 “기획가는 변화와 개혁을 바탕으로 과학적인 분석을 통합해 나가야 한다.”고 보았다(Friedmann, 1969:99~124, Faludi, 1976:171).

그러나 기획가들은 공공정책의 목적을 합리적으로 평가하려는 이와 같은 노력을 스스로 실천하지 않으려는 경향이 있다. 왜냐하면 그 동안 기획가들은 공공정책에 있어 윤리적인 문제를 합리적으로 고려할 수 있는 논리적 기반을 갖고 있지 않았기 때문이다. 이제 기획가는 단지 대안적인 수단의 실제적인 문제뿐만 아니라 윤리적인 문제도 다루어야 한다(Klosterman, 1987:51).

이에 따라 규범적 기획(normative planning)이론이 정립되었는데 이것은 원칙이나 전략 등 사회체제의 목표와 목적을 주로 다루는 것으로서 기획의 실증적인 이론(positive theory)에 대응한 당위적인 이론의 영역을 담고 있다. 따라서 무엇을 해야 할 것인지에 대해 중점을 두는 접근방법을 선호하게 되며 특정체제가 지향하는 방향을 합리적으로 설정해 나가는 것이다. 그러므로 규범적인 기획이론에서는 목표설정기능이 중요한 기획기능으로 자리하며 윤리적, 정치적인 측면을 고려한 이해관계 및 갈등의 조정을 요구하고 있다(정덕주, 1994:75).

2. 규범적 이론의 기초

규범적기획을 위한 논의를 기획의 실제에 적용시킬 수 있으며 기획이론의 개발과 기초가 될 수 있는 것으로는 Rawls의 "정의론(A Theory of Justice)"을 예로 들 수 있다. Rawls는 정치적, 경제적, 사회적인 제도들을 규범적인 측면에서 평가할 수 있는 정의에 관한 두 가지의 원칙(two principles of justice)을 밝히고 있다(Rawls, 1971:60~61).

첫째, 모든 사람은 기본적인 자유에 대하여 동등한 권리를 가져야 한다.

둘째, 사회적 경제적 불평등은 다음의 두 가지 조건을 만족시킬 수 있도록 조정되어야 한다.

① 사회적 경제적 불평등이 모든 사람에게 이익이 되리라는 것이 합당하게 기대되어야 하며,

② 사회적 경제적 불평등이 모든 사람에게 개방된 직위와 직책에 결부되어야 한다.

이것은 차별의 원칙(the difference principle)과 공정한 기회의 동등성의 원칙(the fair equality of apportunity principle)을 제시한 것이다. 이와 같은 Rawls의 주장은 기획가들로 하여금 규범적인 기획의 실행 및 공공정책의 목표와 수단의 양 가지를 합리적으로 평가할 수 있는 방법을 제시하고 있는 것으로 주목받았다.

Rawls는 합리성으로서의 선(goodness as rationality)에 관한 설명에 있어 합리적인 계획은 기본적인 선(primary goods)을 고려해야만 하며, 그렇지 않을 경우에는 어떠한 기획도 성공을 거둘 수 없다고 강조하였다. 따라서 Rawls의 「정의론」이 규범적기획 논의의 기초가 되고 있음이 명백하다.

최근에는 Sandel이 공리주의, 자유지상주의, 시장과 도덕, 소수집단 우대정책, 개인과 정부의 의무, 공동선 등을 다루면서 정의가 무엇인지에 대한 화두를 던진바 이러한 것도 규범적인 기획이론의 기초가 되고 있음이 확실하다(Justice, Michael Sandel:2010).

3. 수단적 기획가의 전문성

(1) 전통적 기획가

규범적 기획이 논의되기 이전의 초기의 기획실무 및 교육은 개혁전통(reform tradition)에 있어 전문직에 뿌리를 두고 형성되었다. 이 당시 기획문제들은 도시성장, 빈민위생, 수송체계의 정비, 공공시설물의 설치 등 비교적 단순한 것이었다. 그 결과 초기 기획전문가의 내용이론(substantive theory)은 정교하지 못하였고 이들의 접근방법들은 공학, 건축, 그리고 공중보건 등 설계기준(design standard)의 적용과 같은 내용이 주류를 이루었다.

이와 같은 분석적 기술의 강조가 담고 있는 의미는, 기획가를 "공공목적을 달성하기 위한 수단과 관련된 자료의 수집 및 분석활동을 행하는 가치중립적인 기술자"로 간주한다는 것을 뜻하였다. 그리고 기획가를 기술자로 간주하는 이러한 관점하에서는 유익한 정책결정을 위해 필요한 정보를 수집하고 제공하는 일은 모든 기획가가 할 수 있고 해야만 하는 것이다.

최근까지도 기획이념과 교육은 응용과학자로서 기획가의 역할을 강조해 오고 있다. 초기기획 전문가들의 기획에 대한 단순한 정의는 사회과학의 모델과 이론에 대한 의존성의 증가로 대체되어 가고 있다. 현대의 기획교육은 통계학, 기획방법론, 경제학, 사회학, 지역학 그리고 다른 실증적인 사회과학의 내용이론들을 모두 다루고 있다. 이런 점은 기획가를 과학자로 간주하는 개념을 반영하는 것이다.

그리고 합리주의자의 지적전통은 응용과학자로서 기획가가 주의 깊게 자료수집과 분석, 그리고 과학적 방법의 엄격한 적용을 통해 헌신해야 하는 것으로 보아 왔다. 이와 같은 견해를 따르면 기획은 실증적인 수준에 머물고 말 것이다.

(2) 규범적 기획가의 출현

기획가는 변화를 책임져야 하며 자신들의 제안내용들이 고객 또는 주민들에게 최대의 이익을 증진시키는 것을 보장해 줘야 한다는 새로운 개혁전통이 나타났다.

이러한 점은 곧 규범적 기획의 출현을 뜻하는 것이다.

(3) 기능적 기획과의 비교

규범적기획과 기능적기획은 기획의 방식(mode of planning)의 경우 고려할 목표의 범위, 목표에 대한 진술 및 토론에 의해 목표가 지지되는 정도에 의해 구분된다. 그리고 기획의 상대적인 자율성의 정도는 법적 권한의 범위, 대안적 목적을 위한 자원활용의 융통성을 중심으로 구분된다.

Faludi는 Friedmann의 기획유형에 근거하여 규범적 기획의 결정요인 및 제약요인을 설명하면서, 결정요인으로서의 상대적인 자율성(relative autonomy)의 정도는 기능적 기획보다 규범적인 기획이 큰 것으로 보고 있다. 그리고 제약요인으로서의 기획가의 역할을 살펴보면 규범적 기획의 경우는 관료제에 따른 제약요인이 높게 나타난 반면에, 기능적 기획은 정치적 요소에 의해 제약을 많이 받고 있는 것으로 보고 있다(Faludi, 1976:174).

기능적 기획과 규범적인 기획에 있어서의 기획가의 역할은 위임된 권한 및 행정의 규칙, 비공식적 합의, 기획가와 연관된 정치적 갈등 등에 있어 각기 다르게 나타난다. 그 결과 목표의 범위가 넓으며 토론에 의해 지지되는 정도가 높고, 상대적인 자율성의 정도가 높으며, 기획과 관련된 정치적인 투쟁발생의 가능성이 높을수록 규범적인 기획의 성격을 갖고 있는 것으로 이해된다(Faludi, 1976:177).

4. 가치의 반영

(1) 가치반영의 주체

기획에서는 누구의 가치가 반영될 것인가가 문제이다. 기획과정에서 해결해야 할 근본적인 문제는 바로 그 제안에 의해 가장 영향을 받게 될 사람들이 수용할 수 없는 경우이다. 그러므로 참여는 마땅히 기획과정의 시작에서부터 출발하여야 한다.

그러나 참여는 기획의 실제에 있어서는 많은 갈등을 야기한다. 참여에 대한 갈등론적 견해는 현존하는 권력집단은 언제나 참여에 저항적이며, 기획관료들도 참여에 따른 어려움을 강조하게 된다. 그리고 기획이론가들은 실무가들이 제시하는 준거틀을 받아들이려 하지 않는 경향이 있고, 참여가 성공적이지 못할 때에는 그 방법을 비판하는 경향이 있다. 참여를 기초로 한 규범적 기획에 대한 논의의 적용은 대응적 기획으로 나타난다.

(2) 대응적 기획

대응적 기획은 기획으로부터 영향을 받게 될 주민들의 선호나 요구에 대응적이어야 한다는 것을 뜻한다. 그래야만 주민들로부터의 기획체제(planning system)에 대한 신뢰를 획득할 수가 있다.

어떤 결정이 지역사회 주민의 선호나 요구에 대응성이 있는지의 여부는 여러 가지 요인에 의존하는데, 그 중의 하나는 결정에 의하여 가장 영향을 받게 될 사람들의 참여 정도에 달려있다. 대응성은 누구의 권위가 기획이슈를 결정하는지와 같은 문제와 관련된다. 기획체제는 정부조직의 일부이기 때문에 권력자와 연관성을 맺고 있고, 따라서 사회내의 집단 간의 갈등에 있어 지배자들의 편(ruling side)으로 간주되어 왔다. 이러한 기획의 본질은 참여를 의미 없게 만들거나 혹은 명목상의 활동으로 보이게 할 가능성을 지니고 있다.

(3) 옹호적 기획

참여에 대한 강조는 옹호적 기획(advocacy planning)을 대두시키게 만들었다. 옹호적 기획은 기획가들로 하여금 정부기관에 대하여 사회적 약자들의 요구를 중재하도록 촉구하였다. "대변자로서의 기획자들은 사회적 약자의 공적보호자(public defender)의 역할을 수행해야 한다"는 것이다(Friedmann, 1987:300).

옹호적 기획에 따르면 옹호기획가들은 정책결정과정상 제기된 이해관계를 선택해야만 한다. 왜냐하면 현실적으로 모든 집단들이 대표될 수 없으며 어떠한 집단도 모든 측면에서 동질적으로 대표될 수 없기 때문이다.

자유적 옹호주의자(liberal advocates)들의 이와 같은 관점은 불평등에 관한 이슈의 강조를 통해 윤리적인 측면을 다루게 된 긍정적인 측면이 있지만, 다른 한편 이들 이슈의 역사적이고 구조적인 특성을 간과하고 있다는 비판을 받아왔다(Forester, 1989:32).

제 3 절 규범적기획과 정치성의 관계

1. 정치적인 활동

대다수의 기획문헌이 강조하는 지배적인 사조는 기획가들이 실제적이고 윤리적인 문제에 대한 고려를 회피하고 있으며 회피하여야 하는 것으로 보고 있다. 그러나 기획은 기획가가 관료들로 하여금 자신들의 최종안을 수용하게 하고 행동하게 확신시킨다는 점에서 정치적이며, 이에 따라 규범적 기획의 논의에서 정치적인 부분이 가장 핵심적인 이슈로 자리하고 있다.

그러므로 정치성을 다루는 정치이론을 먼저 이해할 필요가 있다. 그것은 대의적 민주주의, 다원적 민주주의, 대중민주주의(populist democracy)의 구분이다. 이 중에서 도시계획의 경우를 예로 들면, 가장 많은 영향을 받는 사람들이 계획의 모든 단계에 참여할 수만 있다면 이것이 곧 대중민주주의의 실현이 될 것이다(정덕주, 1994:79).

대중민주주의로부터 파생된 대중참여이론(public participatory theorig)은 "기획과 관련된 의사결정이 직접적으로 또는 간접적으로 주민들에게 영향을 주는 한, 주민들이 의사결정에 참여할 수 있는 권리가 있다."고 보는 관점이다. 이러한 점은 대의적 민주주의가 갖고 있는 한계 즉 소수집단의 이익이 무시되거나 혹은 약화될 수 있는 가능성을 극복해 보자는 뜻이 담겨있는 것이다. 이러한 기획의 정치적인 성격의 비중을 염두에 둔다면, 보다 근본적으로 윤리 혹은 정치적 이슈에 대한 명확한 고려가 없는 기획은 무용지물인 것이다.

2. 기획가의 영향

정치적인 의도가 있든 혹은 없든지 간에 기획가들이 정부의 정책과 그 활동에 영향을 미친다면 그 의미는 기획가들이 정치적으로 활동하고 있다는 것을 뜻한다. 그들의 행동은 누가, 무엇을, 언제, 어떻게 얻는지를 결정하는데 도움을 주며 그 결과 긍정적으로든 부정적으로든 사회의 구성원들에게 영향을 미치기 때문이다(Klosterman, 1987:55).

공공계획을 수립하는 목적은 지역사회의 발전목표를 달성하는 것이며 기획은 어떠한 시기에 있어서건 사회의 도덕적인 선호에 따라야 한다. 이러한 선호는 이미 특정국가의 특정시기의 법적장치에 영향을 미쳐 온 것이 사실이다. 그러나 현실적으로 기획가가 어떠한 행위를 행하고 있으며 그들의 행위가 도덕적인지를 관찰하는 자들은 각 정부수준(levels of government)에 있는 정치가들일 것이다.

따라서 기획가 개인들이 가치중립적이어야 한다든지, 정치성을 어느 정도 고려할 것인지에 관한 논의는 제외하더라도 기획가들이 선출된 정치가들에 대하여 정치적으로 중립적인 권고자이어야 하는지, 아니면 그들 자신의 정치적인 견해대로 공개적으로 의사결정에 영향을 미치도록 노력해야하는 지는 계속적인 논쟁으로 자리할 수 밖에 없다.

만약 기획가가 기획과정을 형성하는 권력이 어떻게 연관되어 있는가를 이해하고 있다고 가정할 때, 그들은 자신들의 분석의 질을 높일 수 있고 주민들의 힘을 강화시키며 지역사회의 활동을 증진시킬 수 있다. 그리고 기획가들은 정치적인 압력을 예측하고 그에 대항하는 지원내지 도움을 동원함으로서 의사결정 권력에 반응할 수 있다.

또한 기획가들은 기존 이해관계를 고려하여 의제설정의 숨겨진 의도를 예측함으로서, 다양한 비공식적 정보의 중개역할, 기획과정의 적시성, 기획의 단계와 절차, 과정전반에 걸친 참여자들의 인지 등에 반응할 수 있다. 그러나 기획가들은 자신들이 마련한 계획의 집행에 관해서 거의 영향을 미치지 못할 때가 종종 있다. 따라서 기획가들이 진정 민주적인 기획과정을 육성시킬 법적장치를 온전하게 수행할 수 있는지는 의문이 될 수 밖에 없다.

3. 기획결정의 책임

기획결정에 대한 포괄적인 책임 특히, 전략적이고 정책적인 결정에 관한 책임은 주로 권한과 권위를 갖고 있는 선출직 대표자들이 갖게 되는 것이 현실이다(McConnell, 1981:109). 그리고 기획관료들(planning officers)은 사실상 정부의 지침에 따라 서비스를 제공하게 된다.

어떠한 사회든지 간에 권력자들은 협상의 필요나 도덕적인 이유를 제외하고는 자신들과 그들을 후원하는 사람들에게 최선의 목표를 성취하기 위하여 권력을 사용하게 된다. 정치는 권력에 관한 것이며, 기획은 권력이 사용되는 하나의 방식이다. 따라서 "기획활동은 정치적인 것"이라는 명제는 충분히 수용할 만 하다.

기획의 과정과 절차는 권력자들의 선호에 의해 영향을 받게된다. 그러므로 기획과정의 수단과 목적은 집권정당의 이념에 따라 변화할 수 밖에 없는 것이다. 그러므로 사회에서 어떤 집단이 기획활동으로부터 가장 유리한 결과를 얻고 있는지를 알기 위해서는 권력자들의 주된 이데올로기를 이해하는 것이 중요하다.

4. 기획가의 오류와 책임회피

그릇된 정보의 원천으로서 기획가가 자리 할 경우가 많이 있다. 기획가들이 시간적 제약, 자료의 제한에 얽매여 있기 때문이다. 그리고 기획가들은 때때로 현존하는 과정을 정당화시키거나, 갈등을 완화시키거나 혹은 회피하거나, 잠재적인 적대세력들의 동의를 얻어내어야 하거나 조직적이고 정치적인 압력에 직면하게 되는 경우가 많이 있다.

그리고 현실적으로 기획가들은 그릇된 정보에 의해 야기된 문제 즉 사실의 왜곡, 선례나 전문성에 대해 적절치 못한 제동을 걸기도 하며 기획의도를 오도하기도 하고 중요한 이슈를 흐리게 할 수도 있다.

기획이론의 일부는 기획가들이 실증적인 사회과학적인 관점을 채택하고 있으며, 대안적인 정책들의 바람직한 효과들에 관한 정보를 수집하여 의사결정자들에게 이를 제공함으로서 윤리적인 문제를 회피하려는 경향을 띠고 있는 것으로 보고 있다. 여기에 내재된 믿음은 "보다 나은 정보가 보다 나은 정책결정을 유도할 것"이라는 것이다. 이러한 관점은 결국 수단적 기획을 강조하게 만들지만 수단의 실제적인 문제뿐만 아닌 윤리적인 문제의 중요성도 이제는 간과할 수 없게 되었다.

5. 공정한 기획

기획이 공정하게 이루어지려면 그 주된 목적이 개인, 집단, 지역사회 간의 공간적(spatial) 기회로서 불평등이 개선되어야 하며, 기획에서의 윤리적인 이론(ethical theory)도 욕구와 실질소득이라는 기준을 통해 우선순위의 결정을 행하고 공공부문의 개입여부를 판단하는데 이용되어야 한다.

즉 규범과 관련된 정의를 위한 기획(planning for justice)의 일차적인 목적은 기획결정이 최소 수혜자에게 최대의 편익을 제공하는 것이다. 그리고 최소 수혜자를 위한 적극적인 차별을 염두에 두며, 자원의 배분에 있어 어떠한 불평등도 최소 수혜자의 편익이 될 때에만 허용되어야 한다(McConnell, 1981:155).

제 9 장
기획자원이론

기획은 "현재를 통제하고 미래를 관리하기 위해 조직과 제도를 통해 움직이는 인간의 활동"을 뜻한다(Beauregard, 1979 : 235). 이와 같은 광범위한 기획개념은 동원되어져야 할 기획자원이 수없이 많다는 점을 시사하고 있다. 어떤 종류의 기획활동 이든지 간에 기획을 이루기 위해서는 수많은 기획자원이 동원되어야 하며 이에 대한 관리의 수준에 따라 기획의 성패가 좌우된다. 기획의 자원으로는 인적자원, 예산, 시간, 정보, 커뮤니케이션 등이 있다.

제 1 절 인적자원 및 예산

1. 인적자원

(1) 기획요원의 능력과 책임

기획에서 인적자원인 기획요원의 능력은 매우 중요하며, 효과적인 기획을 수립하려면 해당분야의 전문지식과 기획의 과정 및 기법에 관한 소양을 갖춘 기획요원이 필요하다.

그리고 기획요원들은 ①직업의 신뢰성을 보호할 책임 ②자신들의 역할인지에 관한 책임 ③전문직업과 관련한 커뮤니케이션의 책임 ④기획의 본질상 갖게 되는 장기적(long term)인 책임 ⑤비공식과정에 대한 책임 ⑥제기된 이해관계와 요구에 대한 책임 등이 부여되어 있다는 점은 앞서 설명한 바 있다.

(2) 기획팀 구성의 고려요인

능력을 갖춘자 들을 중심으로 기획전문팀을 꾸리는 것은 매우 중요하다. 전문팀은 기획작업에 풀타임으로 일할 수 있는 핵심그룹을 포함한다. 이들 외에 단기적 참여자들과 자문위원들도 상황에 따라 활용된다.

대다수의 기획에 있어 기획팀들은 자신들의 직무역할에 비해 충분한 지원을 받지 못하는 경향이 있다. 기획팀은 대부분 소규모로 유지되고 특정부분의 능력을 가진 자 즉, 정보제공자, 연계 조직자, 협상자, 의사소통자 등은 기획이 기술적인 것이라고 여겨 기획팀에의 참여가 제한되어 왔다.

그러나 수단적 기획은 규범적인 기획개념의 등장으로 더 이상 전문기술성이 강조될 수 없는 한계를 지니고 있음은 이미 지적한 바와 같다(Faludi, 1976:171). 따라서 규범적인 측면도 고려할 수 있는 기획팀의 구성이 필요하다.

핵심팀을 구성할 때에는 다음과 같은 사항들을 고려할 필요가 있다(Benveniste, 1990:196~197).

① 연구의 범위와 데이터 분석의 특성 및 조사 등 기술적인 요인을 고려해야 한다.

② 기획팀의 기술적 신뢰도를 높이기 위해서는 대규모의 기획인 경우에는 더 많은 인력이 투입되어야 한다.

③ 연계망(networking)의 구축과 연합형성(coalition)이 필요하다. 이와 같은 내용은 정치적 혹은 관리적 측면에서 필요하지만 대체적으로 무시되는 경향이 있다.

④ 핵심팀에 참여한 이해관계자(stakeholder)들은 공평무사하고 헌신적이어야 한다.

⑤ 기한내에 완성되어야 한다는 압박을 줄여야 한다. 시간적 제약이 급박하면 더 많은 기획요원이 필요할 것이다.

⑥ 함께 일할 수 있는 능력이다. 기획팀에서는 공동작업에 적합한 사람이 필요한 것이지 프리마돈나(prima donnas)는 필요 없다.

⑦ 기획팀은 사회과학, 자연과학, 정책분석 등 다양한 영역들을 서로

연결시킬 수 있는 사람들이 필요하다. 그래야만 기획문제들을 관계자들이 이해할 수 있는 방식으로 인식시키거나 개념화 할 수 있기 때문이다.

⑧ 커뮤니케이션 기술이다. 이것은 관심을 끌게 하는 메시지 전달 능력을 포함한다.

기획 핵심팀의 구성원들은 장기계약으로 고용될 수도 있고 영구직(permanent positions)으로 자리할 수도 있다. 그러나 영구직이 기획팀 구성에 있어 항상 바람직한 것은 아니다. 소규모 기획참모들은 쉽게 고립될 수 있고 광범위한 연계망의 구축능력을 상실할 수도 있다. 이럴 경우 연계망을 통해 재화와 용역의 교환이 이루어질 수 있도록 하거나, 가치 있는 반대급부를 제공하든지 또한 동기부여를 해 주어야 한다. 이와 같은 교호적인 관계가 연계망의 존재이유로 자리한다(Benson, 1970:225). 그리고 기획관련 요원들을 순환근무 시켜서 다양한 경험을 쌓게 하는 것도 유용하며, 이와 동시에 기획분야의 활동이나 실적에 관한 경험이 있는 사람들을 끌어들이는 것도 유용하다. 또한 예산지출을 줄이는 동시에 더 강한 연계망을 구축하기 위해 다른 조직이나 다른 부서의 인재들을 받아들이는 것도 필요하다.

(3) 외부 자문위원 및 전문가

핵심팀의 구성 못지않게 외부자문위원(outside consultants)을 구성하는 것이 중요하다. 외부자문위원들은 여러 가지 기능을 제공한다. 이들은 부가적인 연계망의 구축과 관련된다. 외부자문위원들의 선택은 핵심그룹을 관계자 집단과 연결시키거나, 이들 집단과 소통 할 수 있는 능력, 사안에 대한 인식을 정책제안으로 전환시키는 능력과 관련되어 있다.

이들 외부자문위원들은 기획참모들의 관측기구의 역할을 한다. 이것은 마치 기획참모들이 최고결정권자의 관측기구 역할을 하듯이, 외부자문위원들은 협상과 연합에 활용된다. 그리고 외부자문위원들은 대안의 채택에 관한 내부갈등을 줄이는데 기여한다.

그러나 외부자문위원들은 내부조직의 일부가 아니므로 이해관계자들과 연결되려면 많은 시간이 걸린다. 특히 그들은 선두에 나서 자신들의 명성과 존재가 잘 드러나고 알려지기를 원하며 충분한 보상도 원한다.

그들은 주인공 역할을 하려는 경향이 있으나, 실제 맡고 있는 업무가 기대만큼의 역할수행을 할 수 없을 경우도 있다. 외부자문위원들 중 유명한 전문가들은 어려운 시간적 제약 하에서 일하기 때문에 충분한 보상이 주어지지 않으면 자문의 역할을 제대로 수행하지 않는다.

기획팀이 폭넓은 권위를 가지고 있다면, 외부전문가의 추천에 대한 신뢰성은 제고될 것이고 명성 있는 사람들이 참여할 것이다. 외부전문가를 활용하는 것은 내부기획의 실패를 줄이기 위한 것이다.

이들은 자신들의 경험을 토대로 주요기획에 대한 지식을 제공한다. 외부전문가들은 기획의 기본가정을 재검토하고, 수용된 지식을 재확인해 볼 수 있는 기회를 제공하는 역할을 수행한다. 즉 최고결정권자가 실제의 추이와는 동떨어진 판단을 할 경우 이들은 중요한 역할을 수행한다.

(4) 우리나라의 기획팀

우리나라 정부기관의 기획과 관련한 인적자원은 개별의 국·과 단위 수준에서는 그 능력이 매우 떨어져 있다. 이와 같은 이유는 기획관련 직무를 연결한 공무원 채용방식이 정립되어 있지 않고 개방형 임용의 대상이 되지 못한 점에 기인한다. 그리고 기획과 직접 관련된 기획관리실 또는 정책관리실의 관료가 대부분 일반 행정직으로 채용된 공무원들로 구성되어 있어, 기획요원의 전문적 능력은 결여되어 있는 실정이다.

이에 따라 대규모 투자사업과 관련한 계획안은 불가피하게 국책연구기관이나 지방자치단체의 출연 연구기관 및 외부의 용역에 의존하여 수립되고 있다. 따라서 앞으로는 정부기관에서도 핵심팀 구성의 고려요인들을 충분히 반영할 필요가 있으며, 근본적으로는 정부기관에서 기획 직렬을 신설하여 기획전문가 채용의 통로를 마련할 필요가 있다.

참고로, 지방자치단체의 경우 환경, 주택, 교통, 상하수도, 외자유치, 도시계획 등 전문성이 요구되는 분야의 고위직의 경우 일반행정직 공무원에 의해 보직임용이 이루어지고 있는 실정이다. 따라서 행정의 전문화를 위한 방안이 모색될 필요가 있으며 전문성이 강화될 때 기획능력도 확대될 것이다.

이와 더불어 기획대상 및 분야에 따라 기획팀의 구성에 신중을 기하여야 한다. 우리나라에서는 대체적으로 외부자문위원 제도를 활용하고 있는 편이다. 그러나 외부자문위원은 정부기관의 결정행위에 정당성을 확보시켜주는 들러리 역할을 수행하고 있는 실정이어서, 기획에 참여하는 위원들에게 창의성과 자율성을 신장시킬 수 있는 제도적 장치마련이 필요 하다.

그리고 전문가 대다수는 자문위원으로 참여하기보다는 용역중심의 참여를 선호하고 있는 점도 문제이다. 향후 기획에 참여할 수 있는 외부전문가 집단에 대한 인재 데이터베이스를 구축하여, 정실에 의하지 않고 전문성에 따라 인적자원을 관리 할 수 있는 방안이 모색되어야 한다(정덕주, 1998:426~427).

2. 예 산

(1) 기획수립예산의 중요성

기획을 효율적으로 수립하고 집행하려면 예산의 지원이 뒷받침되어야 한다. 대체적으로 예산의 경직성, 투자재원의 감소, 예산에 대한 과도한 통제 등으로 인해 기획은 형식화되기 쉽다. 명백히 기획의 효율적인 집행은 예산에 달려 있다. 그럼에도 어떤 기획체제에 있어서도 기획관련 예산이 부족한 이유는 기획가의 역할이 잘 이해되지 않았거나, 기획가들이 수행하는 업무가 비공식적인 활동을 포함하고 있어 이를 예산에 반영시키기 어려운 점 때문이다.

이에 반해 예산은 적게 투자하면서 기획효과를 극대화시킬 필요가 있다. 그 이유는 어떠한 기획체제도 기획활동을 위해 거대예산을 목표로 해 왔기 때문이다.

기획체제의 재정이 부족하면 비용이 많이 들어가는 기획활동을 줄일 수 있어야 한다. 그리고 예산과 차용(borrowing)은 장기적인 안목에 의해 계획되어야 한다. 기획예산의 중요한 일면은 그 규모가 아니라 일관성이다. 최고결정권자가 기획초기에 관심을 반짝 갖고 마는 것보다 장기적으로 헌신하는 것이 훨씬 더 중요하다. 그리고 외부로부터의 차용된 비용은 연계망의 구축과 연합형성을 위한 노력의 일부에 사용되어야 한다.

(2) 기획수립예산의 확보 전략

기획을 수립할 때 예산이 필요한 경우 어떻게 이를 획득할 것인가에 대한 전략이 필요하다. 이를 위해 예산게임(budget game)을 잘 치러 낼 전문적 참모를 두는 것이 중요하다. 왜냐하면 계선관리자들은 때때로 예산을 잘못 이해하거나 예산획득의 노력을 회피할 가능성이 있기 때문이다.

그러므로 예산과 관련해서 세부적인 내역에 대해 주의를 기울이고, 기획목표에 따른 충분한 이해를 토대로 재정관리의 기술을 갖추어야 한다. 특히 예산문화(culture of budgeting)를 잘 이해하고 예산요구의 정당성을 제기해 나가야 한다(Cohen, 1995:172~177).

(3) 기획재원의 확보

기획관련 재원을 차용하는 것은 복잡하고 시간이 오래 걸리며 어떤 경우에는 그것이 실용적이지 않거나 심지어 바람직하지 않을 수도 있다.

정부부문의 경우 기획관련 예산이 부족하면 부가적으로 외부자금(external funding)을 끌어들일 수 있다. 정부부문의 기획활동은 기업이나 다른 정부기관들도 관심을 가질 수 있다. 이들은 연구활동, 연계화 및 다른 기획활동 등에 자금을 지원할 수도 있다.

외부자금은 활용하는 것은 다음과 같은 이점이 있다(Benveniste, 1990: 226~227).

① 외부자금의 투입은 기획가들로 하여금 최고결정권자나 그 직속참모들의 영향력으로 부터 해방시킨다.

② 외부자금은 최고결정권자가 지원할 수 없거나, 지원하기를 원하지 않는 연계화, 연구, 시범프로젝트 등에 자금을 활용하게 한다.

③ 다양한 자금원은 기획에 대한 관심과 참여의 지표가 되므로 외부자금은 기획의 신뢰성을 증가시킨다.

④ 외부자금은 기획활동이 가치 있는 것이라는 점을 일깨워 주고 후원자들의 지원활동을 가속화 시킨다.

그러나 다수의 재정후원자들은 그 나름의 문제를 야기 시킨다. 서로 다른 의제(agenda)를 가진 여러 결정권자들의 참여가 이루어짐으로서, 통제와 회계는 어려워지고 관료적 형식주의와 업무처리 지연사태가 늘어난다. 그럼에도 불구하고 다양한 재원을 확보한다는 것은 기획가들의 전문적인 활동의 질을 향상시킨다.

(4) 우리나라의 기획예산

먼저 기획수립예산이 충분히 확보되어야 하고 기획관련 투자재원을 마련하는 것이 중요하지만, 대다수의 경우에 재원의 한계로 각종계획사업이 중도에 포기되거나 예산집행의 효율성이 저하되는 경우가 많다. 따라서 기획체제는 기획예산이 충분히 확보되지 않으면 이를 기획실패의 요인으로 돌리는 경향이 있다. 그리고 한번 편성된 예산은 통제 없이 집행이 가능한 풍토여서 거대예산의 편성관행이 여전히 존재한다.

이제 우리나라 공공부문의 기획활동은 외부자금을 끌어들이기 위해 정부기관마다 상호 경쟁적으로 활동하는 시점에 와 있다. 이럴 경우에는 외부자금을 끌어들이는 것에 대한 신중한 대응이 있어야 한다. 기획재정에 관한 예측을 잘못하여 부채만 떠안게 된 사례가 공공부문에서는 허다히 발견되고 있다. 경전철사업의 실패가 그 좋은 예이다.

최근 민자유치나 민영화의 논리가 지배하고 있지만 민간부문의 투자가들은 언제나 자신들의 수익성을 염두에 두고 있음을 경계해야 할 것이며, 공공부문과 민간부문의 동반자 관계(public private partnership)가 제대로 형성되기 이전에는 행정과 경영의 목표나 이념의 차이를 유념해야 한다(정덕주, 1998:428~429).

제 2 절 시간 및 정보자원

1. 시 간

(1) 시기선택

계획을 수립할 때 시기선택에 관한 고려는 매우 중요하다. 계획기간을 설정할 때에는 기획환경, 투자회임기간, 기획역량 등이 고려되지만 타이밍(timing)이라는 직접적 문제가 존재한다. 필요할 때 정보를 입수할 수 있는지, 적용시킬 충분한 시간이 있는지, 혹은 계획안을 수정하고 관계자들에게 대응할 시간이 있는지 등에 관한 것은 매우 중요하다.

시간에 대한 연구결과들은 우리로 하여금 장기간에 걸쳐 조직을 유지하는 것과 무익한 관료적 활동에 시간을 낭비하지 않는 것, 그리고 리드타임(lead time)의 필요성 등에 대한 중요성을 일깨워 준다. 대다수의 기획사례를 보면 연계화와 연합형성을 과소평가하고 있는데, 그 결과 기획가들에게는 언제나 시간과 재원이 부족할 수 밖에 없다. 왜냐하면 연계화와 연합형성에 투입될 시간과 재원을 고려하지 않기 때문이다.

시간은 양면적으로 작용한다. 기획과정이 무한정으로 지체되면 연합은 깨트려지고 반대파들은 점점 더 도전적이 된다. 그리고 시간이 너무 촉박하면 초기 연계화도 이루지 못하고 기획은 연합이 형성되기도 전에 보류될 것이다. 최고결정권자는 자신의 핵심사업인 경우 국민적 신뢰가부족하다고 느낄 경우, 시간제약을 두어서 반대자들이 따라 잡을 충분한 시간을 주지 않고 기획결정을 빨리 진행시킬 것이다(Benveniste, 1990 : 200~203).

기획의 성공사례를 볼 때, 대개 기획 아이디어가 표면화되기 이전에 상당한 리드타임이 있었다는 점을 교훈으로 받아들어야 한다. 리드타임의 대부분은 아이디어가 표출되기 이전에 이루어져 아이디어가 표면화될 때에는 연합은 이미 구성되어 있고 반대파는 분열되고 진행방향은 불분명해 지는 경우가 허다하다.

그러므로 기획의 하나의 전략은 아이디어가 표면화되기 이전에 연합형성을 위해 가능한 최대한의 시간을 마련해 둘 것이며, 반대안을 제거시키기 위해서는 아이디어가 표면화된 후에는 가능한 한 여유를 두지 않도록 하는 것이다.

최근에는 정책집단이 연합하기 시작하여 많은 정책들이 공개적으로 논의됨으로서 시간이 많이 소비되고 있다. 이럴 경우 참여의 확대로 긍정적인 측면이 있지만 이에 따라 업무처리과정을 지연시킬 우려가 있다. 확실히 대개의 기획문제들은 시간을 기다려 주지 않는다. Peter는 기획가들은 "숨은 기회도 활용할 필요가 있다"고 하였다(Peter, 1985).

결함이 없는 기획은 없다. 잠재적 갈등이나 표출된 갈등이 있기 마련이므로 협상을 위한 시간 갖기는 필수적이다. 기획실패의 가장 일반적인 원인은 협상할 충분한 시간을 갖지 못하는 데에 있다. 기획활동이 빠르게 전개되는 상황에 직면하면 반대파들은 경계하게 되며 조직적으로 저항하기 마련이다. 갈등이 증가하면 새로운 요구가 발생하고 기획가들의 양보는 늘어나기 시작한다.

이에 따라 계획안의 수립과 관련한 비용은 새로운 제안과 수정이 이루어지면서 상승한다. 그 결과 궁극적으로 최종결과는 어느 누구도 만족시키지 못하는 것이 된다. 기획가들이 얼마나 많은 리드타임을 필요로 하는가는 기존의 비공식적 조직이 얼마나 잘 작동하고 있느냐에 달려 있다.

(2) 시간과 연계망

시간과 관련하여 연계망(networking)은 매우 중요한 역할을 수행한다. 연계망은 정책이슈들에 대한 개입을 통해 장기간 유지된다. 연계망을 구축하는 공식적인 장치로는 특별팀(task force)이나 프로젝트팀(project team)의 구성과 외부자문위원 영입 등이 있다.

그러나 대개의 의사결정자들은 연계망의 구축보다 지나치게 눈앞의 결과에만 관심을 갖는다. 이와 유사하게 조직내의 구성원들도 단기적인 일정기간에 의해 평가되므로 단기적 결과를 성취하는데 관심을 갖게 된다. 우리나라의 성과평가도 1년 단위의 단기적 평가체제이다.

그리고 시간에 관한 시계(時界)는 정부기관에 따라 다르게 나타난다. 대부분의 경우 단기적 경제사안 관리에 대한 책임은 재무부가 맡는 반면에 장기적 발전에 대한 책임은 경제발전 기관이 맡는 경향이 있다.

영국의 경우를 예를 들면, 재무성과 경제부(Department of Economic Affairs, DEA)사이의 경제관리 기능의 분할에 관한 시도에서 재무성은 단기분야에 초점을 맞추고, 경제부는 장기분야에 초점을 맞추려 했다는 점이 이러한 사실을 잘 입증하고 있다(Shanks, 1977: 34~35).

(3) 연계조직과 승수

연계조직이 활발히 활동하고 있을지라도 이것이 기획의 승수(multiplier)를 유발할 수 있다는 것은 아니다. 이럴 때는 어떤 조정책이 있어야 한다. 특히 장기적 미래에 대한 인식의 공유는 연합형성에 있어 매력적인 요소가 될 수 있으며 그러한 인식을 잘 이용하면 연대조직의 지속적인 동기부여도 가능하다. 미래에 대한 새로운 이미지들은 항상 창조되지만 기획이 관례화되고 무익한 결과를 낳으면 연계조직은 그 힘을 잃게 된다. 성공적인 기획사례는 항상 단기적인 집착을 뛰어 넘어 먼 미래의 안목으로부터 출발하고 있다.

그리고 시간과 관련하여 다수의 개인들을 모든 정책 사안에 개입시키는 것은 실용적이지 못하다. 연계망을 구축하고 유지하기 위해서는 모든 관계된 개인들이 긴밀한 관계를 유지하도록 하고 중요한 임무들을 성취할 기회를 주어야 한다.

명백히 연계조직의 구성과 운영에 관한 인식의 부재는 기획실패의 요인으로 작용한다. 그리고 특별임무 그룹(task group)의 구성은 외부 전문가들의 적절한 개입과 마찬가지로 참가자들의 동기를 유지시키는데 도움이 된다. 그리고 다양한 관계자들이 유용한 정보제공자가 될 수 있다는 점을 인식해야 한다. 그러나 이와 같은 정보제공자들이 지역사회 이해관계 집단의 대표자일 필요는 없다. 정보제공자들은 지역사회 이해관계 대표자들 보다 방패막이 역할을 잘 할 수는 없지만 그들의 정책 사안들에 대한 인식은 어떤 것인지를 살펴볼 필요가 있다.

(4) 시간과 학습

효과적인 기획은 많은 시간을 필요로 한다. 기획안을 작성하고 연합을 형성하고 승수를 유발시키는 것만으로는 불충분하다. 연계망을 계속 유지시키고 환경의 변화에 적응할 수 있도록 하기 위한 학습과정이 필요하다. 학습은 기획의 전략과 전술, 실체이론(theory of realities), 가치 등을 포함하고 있는 것으로 사회적 실천(social practice)을 위한 전제가 된다. 분명히 기획에 있어 학습의 시간이 중요하다.

(5) 시간과 관례화

시간의 낭비는 기획의 관례화(routinize)와 관료화에서 비롯된다. 모든 조직에서 관례화는 필연적인 안전전략으로 자리한다. 그러므로 나약하거나 소심한 기획가들은 기획과정을 공식화하고 관행화하려 들 것이므로 이러한 점을 경계해야 한다.

기획의 관례화가 실패하는 이유는 대다수의 사람들에게 그런 활동이 무용지물로 보이며 관례화 자체가 문제해결을 이루지 못하기 때문이다. 그리고 데이터 베이스를 독점하려 하지만 경쟁관계의 정보가 끊임없이 창안되기 때문이다.

(6) 시간과 하향식의 권력행사

하향식의 권력행사는 실패하게 되는데 그 이유는 "기획가들의 권한은 상부로부터의 명령에 의한 것이 아니며 밑으로부터 요구되는 필요성에 대응하는 것에 있다"는 점을 인식하지 못하기 때문이다. 밑으로부터의 기획과정은 많은 시간이 걸리게 되기 마련이지만, 밑으로부터의 지지와 성원 없이는 상황을 관리하기 어렵다는 점을 인식할 필요가 있다.

(7) 우리나라의 시관(時觀)

이상에서 검토한 바와 같이 기획에서 시간이 매우 중요한 자원이 된다. 타이밍은 기획과정 전반에 걸쳐 중요한 요소이며 특히 기획을 수립할 때 리드타임의 중요성이 강조되어야 한다.

그러나 우리나라에서는 지나치게 시간에 쫓겨 졸속적으로 계획을 수립하고 집행하려는 경향이 있다. 그 좋은 예가 대운하사업구상 이다. 따라서 단기적, 중기적, 장기적인 계획에 따른 시관(time orientation)을 확립하는 것이 필요하다. 또한 연계망을 구축하는 것과 각종의 정보의 분석에 따른 최소한의 시간과 학습과정에 걸리는 시간들은 충분히 고려해야 한다. 그리고 기획체제가 관례화의 틀을 선호하는 것도 경계해야 한다.

특히 우리나라의 기획체제는 하향적인 접근(top down approch)을 지양하고 상향적인 접근(bottom up approch)이 이루어지도록 개선시켜 나가야 한다. 상향적인 접근은 여론수렴의 과정이 필요하므로 불가피하게 시간이 걸리게 된다. 그러므로 기획의 민주성에 대한 요구가 의사결정을 지연시킬 가능성을 감안한다면 시간에 대한 고려는 충분히 이루어져야 하는 것이다(정덕주, 1998:432).

2. 정보자원

(1) 정보자원의 의미

데이터를 수집하는 것은 기획의 중요한 임무이며 연계망도 이와 같은 역할을 수행한다. 그리고 비공식적인 경로는 공식적인 자료수집의 절차를 보완한다. 정보는 기획자산이므로 이를 획득하는데 비용과 시간을 투자할 필요가 있다.

대다수의 데이터는 복잡한 문제들에 대해 입수가능한 것만으로 이루어져 있어 완벽하지 않다. 그리고 모든 데이터는 정당성과 신뢰성의 문제가 존재한다. 이럴 경우 일차적으로 통계적 확률을 이용할 수 있겠지만 신뢰할 수 없는 자료를 제거시키고 불완전한 자료를 보완시켜야 한다.

기획관리의 중요한 기능 중의 하나는 정보자원이 조직화되고 여과되어져야 하는 것이다. 앞서 기술한 시간의 문제도 정보의 조직화에 의해 영향을 받게 된다. 정보자원을 잘 관리한다는 것은 기획의 신뢰성과 정당성을 제공하는 것이다. 기획가들이 정보를 접한다는 점은 그들에게 보장된 유일한 공식적 권한이다.

그러나 이와 같은 권한이 자동적으로 협력을 얻을 수 있게 하는 것은 아니다. 그리고 최고결정권자의 참모들과 이해관계자들이 기획가들에게 우호적인 것만은 아니다. 특히 어떤 정보들은 기밀로 분류되며 부적절하다는 이유로 개방되지 않을 수도 있다. 어떤 경우에는 정보를 제공할 사람들 스스로가 제대로 된 정보를 갖지 못하거나, 정보가 잊혀지는 경우가 허다하다(Benveniste, 1990:220~221).

(2) 정보자원의 유형

정보는 관리계층에 따라 다음과 같은 세 가지 유형으로 구분된다(최신융 외, 2005:374~375).

① 정책·계획 정보

정책·계획 정보는 전략적정보라고도 할 수 있으며 조직의 최고관리층에서 주로 다루는 정보이다. 최고관리층은 다른 계층에 비하여 상대적으로 비일상적이고 비정형적이며 불확실성이 많은 상황 속에서 장기적인 정책을 다루거나 조직의 미래 목표를 설정하며, 목표를 구체화하기 위한 세부계획을 수립하는 일에 관여한다. 그들의 이와 같은 역할을 돕는 정보를 정책·계획정보라 하는 것이며 그 성격을 고려하여 전략적 정보라고 한다.

② 관리·통제적 정보

이는 전술적(tactical)정보라고도 하며 조직의 중간관리층에서 주로 다루는 정보이다. 중간관리층은 최고관리층에 비해서 상대적으로 일상적이고 정형적이며 확실성이 있는 상황 속에서 최고관리층이 정한 정책목표 및 계획을 실행하는 전술적 수단을 결정하는 일을 주로 수행한다. 이들은 일상적인 관리활동을 수행하고 관리의 실적이 목표에 비추어 차질이 없는가를 점검하고 시정하는 관리통제적 임무를 수행한다. 따라서 중간관리층의 이러한 임무를 돕는 정보를 관리통제정보라고도 한다.

③ 운영적 정보

운영적(operationnal)정보는 주로 조직의 하위층에서 다루는 정보이다. 이 계층은 다른 계층에 비해 볼 때 가장 일상적이고 정형적이며 구체적이고 반복적인 기술적 업무를 처리한다. 하위층에게 필요한 정보는 선례와 규정에 따라서 어떻게 일을 처리할 것인가에 관련된 것들이다.

(3) 정보자원의 해석

수집된 데이터는 해석되어야 하지만 관계자들의 데이터 해석능력은 똑같지 않다. 데이터의 공개는 데이터를 사용하는 관계자들의 능력에 맞게 이루어져야 한다. 관계자들은 데이터를 그들 자신의 전략을 추진하기 위해 사용한다. 데이터 공개는 어떤 이들에게는 이롭게 작용하고 어떤 이들에게는 해롭게 작용한다. 데이터는 정치적으로 중립적이지 않다. 기획가들은 다른 사람들의 행동을 자극하기 위한 도구로 데이터를 이용할 수도 있다.

지식은 힘이므로 데이터가 중요하며 이것을 누설하지 않으려는 것이 일반적인 경향이다. 특히 데이터가 얻기 힘든 경우에는 더욱 그러하다. 기획가들은 최고결정권자의 참모들만큼 그들 자신의 정보에 대해 비밀을 지키려는 경향이 있다. 데이터의 비밀 지키기는 "상대방이 모르는 것은 해가 되지 않는다"라는 사실을 조장한다. 즉, "모르는게 약"이라는 식으로 정보를 발표하지 않는 것이다.

그러나 데이터의 공개는 이해관계자들과 일반대중들의 보다 효과적인 참여의 기회를 제공하며, 공익의 도모에 도움이 된다.

(4) 우리나라의 정보자원

우리나라 기획의 실제에 있어서는 정보자원의 질에 관한 문제가 제기된다. 기획기관이 수집한 자료나 정보는 신뢰성이 있어야 하지만 정부단위마다 기획의 기초가 되는 각종 지표와 통계의 분석결과가 다르게 나타나고 있다. 예를 들어 정부기관 마다 통계연보를 발간하지만 인구지표의 경우 각기 다르게 나타나고 있다. 그리고 자료나 정보의 공개가 기획기관에 불리하게 작용할 수 있다는 이유로 비밀 지키기에 급급한 현상이 일반화 되어 있다. 그 결과 정보의 비대칭성이 나타난다.

그러나 기획이 초래할 이해관계를 염두해 둘 때, 공론권의 형성과 시민적 권리의 확장을 위해서도 자료와 정보가 공개되어야 마땅하다. 이러한 점을 고려하여 행정정보공개에 관한 법률이나 조례가 마련된 것은 바람직한 현상이다. 그리고 기획에서 강조하고 있는 연계망의 구축도 올바른 정보의 제공이 있어야 가능한 것이다.

향후 효율적인 기획을 위한 정보체제(information system)의 구축이 시급한바, 개별의 기획체제 중심이 아닌 전국적인 자료은행(data bank)의 성격을 가진 기구를 마련하고 축적된 정보를 정부단위의 모든 기관들이 활용할 수 있도록 해야 한다. 그래야만 전국적인 계획과 지방적 계획의 연계화, 정부부처간의 연계화가 가능해 질 것이다.

따라서 기존에 구축된 MIS(Management Information System)를 기반으로 의사결정에 있어 중요한 역할을 수행하는 정보관리전략(information management strategy)을 개발할 필요가 있다(정덕주, 1998:434).

제 3 절 지식자원

최근 들어 지식관리(knowledge management) 또는 지식경영의 중요성이 대두되고 있으며 기업에서는 지식을 핵심자산으로 간주하고 있다. 이하에서는 지식자원에 대한 개념, 유형, 성공요소, 정보자원과의 관계 등을 살펴보기로 한다.

1. 지식과 유사개념

Nonaka 와 Takeuchi는 정보와 지식을 다음과 같이 구별하고 있다. 즉 정보는 인간이 무엇인가를 전달할 때의 내용인 반면, 지식은 이러한 정보가 축적된 형태를 의미한다고 한다. 정보는 인간이 뭔가를 전달하는 내용이며, 이는 어떠한 의도와 요구에 맞춘 의미 및 가치를 갖는 데이터들로 구성된다. 정보는 사람이 읽고, 이해하고 해석하여 특정한 작업 기능에 적용함으로써 지식으로 전환된다(Prusak, 1995:6~8).

그리고 데이터는 가공되지 않은 있는 그대로의 사실(fact)을 의미하며 정보는 자료에 의미가 부여된 사실이며, 지식은 정보가 특정한 의사결정 상황에서 인간에게 의미를 가지는 것이다. 이러한 개념간의 관계는 다음의 그림과 같다.

그림 9-1 데이터, 정보 그리고 지식

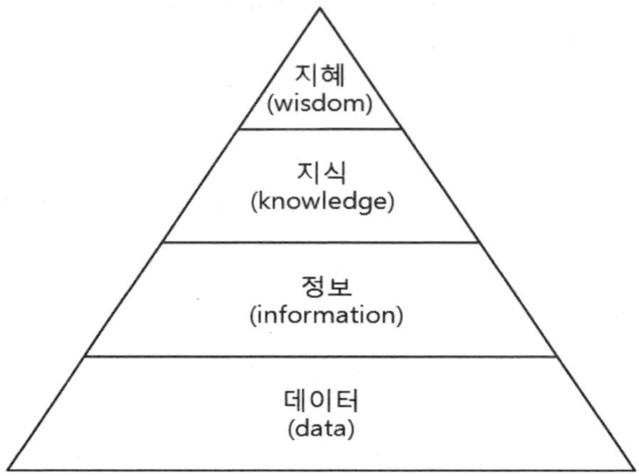

지식은 가치제고에 도움이 되어야 의미가 있다. 아무리 많은 것을 알고 있어도 가치를 제고하는데 활용되지 못한다면 지식이 되지 못한다. 따라서 지식이란 조직의 생산성을 높이고 가치를 창조할 수 있는 것이어야 하며, 지식은 생성되고 전파되어 가치를 창출하고 다시 새로운 지식을 창출하는 주기를 가진다.

2. 특성에 따른 지식의 유형

지식은 그 특성에 따라 여러 가지로 분류된다. Probst는 지식을 내부의 지식과 외부의 지식, 개인적 지식과 집합적 지식으로 구분하였으며 Alavi는 개인적인 의식적 지식, 사회적인 객관화 지식, 개인적이며 묵시적인 자동화 지식, 그리고 사회적이며 묵시적인 집합적 지식으로 구분하였다. 또한 Wiig는 사실적 지식, 개념적 지식, 기대적 지식, 방법론적 지식으로 구분하고, 형태에 따라 개인적 지식, 공유된 전문가 지식, 개방적 지식으로 구분하였다. 그리고 개인의 지식은 사회화, 외부화, 연결화, 내면화의 지속적인 순환과정을 통해 조직의 지식으로 변환되어 부가가치 창출에 사용된다(이도연, 2000:8~9).

3. 지식관리의 개념

Nonaka와 Takeuchi는 지식관리란 새로운 지식을 창조하고, 조직전체로 확산하며, 이것을 다시 상품, 서비스, 시스템으로 형상화하는 것이라고 하였으며 Ruggles는 조직내외에 있는 조직 노하우(know-how), 경험, 판단을 자극함으로써 가치를 더하거나 창조하는 것으로 정의하고 있다(Ruggles, 1998:80~89).

즉 지식관리는 조직내외의 다양한 지식을 지적자산으로 관리함으로써 조직혁신을 촉진하고 성과를 제고하는 조직활동이며 조직이 보유하고 있는 지식, 인적자원, 기술 인프라, 프로세스 등의 주요 구성요소를 관리함으로써 제품과 서비스의 부가가치를 높이는 제반활동으로 정의된다.

4. 지식과 정보의 관계

지식관리에서 정보기술은 지식을 습득하고, 저장하며, 활용 및 공유하는 수단으로서 이용된다. 그리고 정보기술은 지식관리 시스템을 도입하기 위한 인프라가 될 수 있으며, 또한 지식의 획득, 공유, 활용 동의 기초가 된다. 그리고 지식관리는 정보관리시스템이 구축되어 활용될 때, 성과도 크게 나타난다. 정보관리시스템은 지식의 저장, 분류, 탐색, 전파, 활용 등에 있어서 중요한 역할을 수행한다. 지식관리는 지식의 공유에서 비롯된다.

5. 지식관리의 실패와 극복방안

지식관리의 실패는 아는 것을 제대로 실천하지 못하는 데에 있다. 알고 있는 지식을 왜 행동으로 옮기지 못하는가에 대한 이유를 살펴보면 다음과 같다(Pfeffer and Sutton, 박우순 역, 2002:296~301).

(1) 말(talk)

여기에서의 말은 단순한 일상적인 말을 의미하는 것은 아니며 결정,

발표, 문서, 과업진술, 계획 등에 관한 말을 지칭한다. 왜 말이 중요한가? 이 문제에 대하여 Pfeffer와 Sutton은 경영현장에서 조직성과 또는 개인 업적에 대한 평가기준이 바로 말이기 때문이라고 진단한다. 즉 현명해 보이는 말은 지금 나타나고, 훌륭한 행동은 나중에 나타나기 때문이라는 것이다. 남의 의견에 대해 비판적인 사람과 말 많은 사람들이 더 재능 있고 유능하게 보인다는 것이다.

특히 상투적인 말을 통하여 지위를 획득할 수 있는 조직에서는 이러한 문제가 심각하게 나타난다.

말에 대한 문제를 극복하고 지식을 행동으로 실천하는 조직들의 특징은 다음과 같다.

① 현장의 업무를 이해하고 행동하는 리더가 있다. 이들은 자신의 업무에 국한시키지 않고 현장에서 일하는 사람들과의 교류를 통하여 구체적인 업무를 이해하고 그들을 도와줌으로써 신뢰를 통하여 지식을 행동으로 실천한다.

② 이들 조직은 단순성에 가치를 부여하고 불필요한 복잡성을 회피하는 특징이 있다. 예를 들어 컨티넨탈 항공(Continental Airlines)은 단순한 언어, 간단한 구조, 단순한 개념, 상식의 힘으로 기업을 성공으로 이끌 수 있었다. 단순성의 이점은 쓸데없는 추측을 자아내지 않는다는 것이다.

③ 행동을 촉진하는 언어를 사용하고 결정에 대한 후속조치를 취해야 한다는 것인데 예를 들어 제너럴 일렉트릭(GE)의 워크아웃 프로그램(Work-Out)은 신속성, 단순함, 그리고 자신감으로 성공할 수 있었다.

(2) 기 억

기억은 조직의 역사와 선례(precedents)를 의미하는 것으로, 조직에 녹아있는 관습, 표준운영절차, 조직문화 등이 포함된다. 고전적 지혜와 일관성은 변화에 대한 저항으로 작용한다. 이와 같이 과거에 고착하게 만드는 요인은 무엇인가? 그 원인은 인간의 인지적 폐쇄(cognitive closure)에 대한 욕구와 인간행태에 관한 잘못된 가정 때문인데 인지적 폐쇄는 과거의 지식에 집착하고 기존의 신념을 부정하며 증거를 회피하는 성향을 말한다.

이와 같은 조직의 기억이 사고와 행동을 대체하는 문제를 극복하는 방법은 다음과 같다.

① 새로운 조직 또는 단위조직을 건설함으로써 사람들의 행동을 촉진하는 방법이다.
② 현재의 조직에서 과거와의 단절을 의도적으로 계획하고 실천하는 방법이다.
③ 무관심한 행동에 저항하는 조직을 건설하는 방법이다.

이상의 것은 의식적으로 전례와 옛날 방식이 결코 중요하지 않다는 점을 확인하고 사람들이 지속적으로 학습하고 새로운 일을 추구할 수 있도록 새로운 관행을 설계하는 방법이다. 그 예는 우리나라의 경우 정부혁신과 관련된 것들이다.

(3) 두려움

두려움 때문에 사람들은 새로운 아이디어에 대한 행동이나 새로운 도전을 기피한다. 일시적으로 두려움이 사람들의 동기를 자극하고 조직성과를 높이는 효과를 가져 올 수 있지만, 궁극적으로 변화에 대한 무행동과 저항을 유발한다.

두려움을 물리치는 방법은 의식적인 관행을 개발하는 것이다. 특히 조직이 어려운 상황에 놓여 있을 때에는 사람들이 예측, 이해, 통제가 가능하도록 해주어야 하며, 그들이 겪는 감성과 정서를 이해해 주어야 한다.

(4) 측정체계

대부분의 경우 단기적인 재정성과에 초점을 두어 조직성과를 측정하기 때문에 구성원들은 여기에 매달리게 되고 새로운 것을 시도하지 않게 된다. 왜냐하면 장기적인 성과는 보상이 없기 때문에 단기적인 목표를 달성하는데 관심을 집중하게 되어 결과적으로 조직성과의 향상을 기대할 수 없다.

그리고 성과측정이 지나치게 복잡하면 사람들이 손쉽게 이해할 수 없게 되고, 따라서 기존의 방식을 그대로 고수한다. 따라서 성과측정은 결과보다는 결과에 이르는 과정에 초점을 두어야 한다. 결과에 치우치게 되면 업무의 과정을 이해할 수 없기 때문이다.

(5) 내부경쟁

내부경쟁은 전체적인 성과를 위하여 협력해야 할 내부의 동료들을 적으로 만든다. 내부경쟁은 조직에 대한 충성심을 약화시켜 이직률을 증가시킨다. 그리고 내부경쟁은 팀워크를 훼손시키고 학습을 저해하여 지식의 공유를 어렵게 만든다.

이러한 내부경쟁의 역기능을 해소하기 위해서는 내부에서 서로 다툴 것이 아니라, 외부의 경쟁적 위협을 없애기 위해 사람들의 주의와 에너지를 집중시키거나 단기적인 이익만을 위하여 행동하는 사람들을 처벌하는 방법이 있다.

제 4 절 커뮤니케이션

1. 전문용어의 문제

기획가는 효과적인 기획안을 작성하는 것에 그치지 않고 이를 통해 타인들의 기대(others' expectations)를 바꾸어야 한다(Forester, 1989:41). 그리고 기획가들은 다른 사람들에게 영향력을 미치기 위해 효과적으로 의사를 전달할 수 있는 능력을 가져야 한다. 최고결정권자와 기획관계자들과의 의사소통 능력, 연구·조사의 우수성을 전달하는 능력, 대중매체를 이용하는 능력은 매우 중요하다. 왜냐하면 대중매체는 공공관리의 중요한 수단으로 자리하기 때문이다.

기획가들은 자신들의 정치성이나 의사전달 능력이 아닌 전문·기술적 능력으로 정책과정에 영입되었기 때문에 전문적인 용어로 표현할 경우 상대방을 이해시킬 수가 없는 경우가 발생하여 딜레마에 빠지게 된다.

이럴 경우 전문용어나 특수용어(jargon)의 사용에 관한 문제가 제기되며 개념화와 용어번역상의 오류의 문제가 자리한다.

믿음직스럽지 못한 기획가들은 전문적 지식을 갖고 있는 것처럼 보이기 위해 전문용어를 사용한다. 그러나 대개의 경우 전문용어는 역기능적이므로 무절제한 사용을 지양해야 한다.

2. 정보수용의 방식

전문기획가는 합리적 논증을 해결해 줄 수 있어야 하며 기술적 논쟁이 제기된 경우, 이와 같은 것을 이해할 수 있는 방식으로 설명해 나가야 한다. 이를 위해 기획가는 자신의 연구분야에서 의사결정자들이 실제적인 정보를 어떻게 받아들이고 있는지를 파악해야 한다(Krimsky, 1984: 246~261).

이 점에 관해 기획가와 정책결정자들은 서로 다른 접근방식을 취한다. 대체적으로 기획가들은 데이터, 모델형성, 통계적 분석에 의존하며 정책결정자들은 일반인들의 지혜나 유추 및 은유를 사용하려는 경향이 있다(Bozeman, 1986:519).

대다수 정책결정자들은 데이터의 중요성을 무시하는 경향이 있다. 그리고 기획 관련자들은 사안들을 처리하는데 있어 각기 다른 개념들을 이용하며 최적의 무지(optimal ignorance)에 따른 문제 역시 존재한다.

무지의 문제는 기획에서 끊임없이 제기된 합리성 논쟁을 예로 들면 쉽게 이해된다. 그 결과 제한된 합리성을 수용하여 뒤죽박죽의 정치(politics of muddling through)가 나타나게 된다(Forester, 1989:48~64). 정책결정자들이 기획활동 이전에 모든 정보를 입수하기 어렵기 때문에 어떤 경우에는 무지에 의해 행동하는 것도 효과적일 수 있다.

3. 지식의 한계

기획가들은 여전히 자신들이 업무를 잘 파악하고 있으며 자신들의 연구가 매우 중요하다고 주장함으로써 고객들을 현혹시킨다. 그러나 이와 같은 일들은 자신들의 직업의 신뢰성을 침식시킬 수도 있다.

대개의 경우 기획가들이 모든 것을 아는 것은 아니며 기획가들의 전문적인 활동에는 자기한계가 있다. 이 점은 "현재 문제시되는 어떤 결정을 내리기 위해 수용 가능한 지식이란 어떤 것인가?"에 대한 인식의 문제를 제기하는 것이다.

4. 언론매체의 활용

연계망의 구축도 커뮤니케이션을 위해 중요하지만 의사소통의 유일한 경로는 아니다. 신문, 라디오, TV를 포함한 언론매체는 기획에서 중요한 역할을 수행하며 의사결정의 절차를 이루는 광장이 되고 있다. 따라서 언론매체를 활용할 수 있는 능력이 필요하다. 이럴 경우에는 다음과 같은 점에 주의를 기우려야 한다. 즉, 기획가들은 언론매체를 이용할 준비가 되기 이전에는 언론과 일정한 거리를 둘 필요가 있으며, 언론매체를 능숙하게 다루는 기술을 습득할 필요가 있다.

왜냐하면 커뮤니케이션 활용능력이 부족하면 갈등이나 반대가 있을 때 이해나 합의를 구할 수 없기 때문이다. 언론매체 종사자들과 기획기관은 똑같은 고객으로서의 대중(public)을 상대로 하고 있다는 점에서 동료의식을 형성할 필요가 있다. 그리고 언론매체에 알릴 정보를 사전에 준비하는 것이 필요하며 언론의 일정(media's schedule)을 확인해 두어야 한다.

(1) 언론매체의 중요성

기획에 있어 언론매체는 다음과 같은 이유로 중요하다(Cohen, 1995:225~229).

① 언론매체는 기획과정의 정당성과 신뢰성을 제공한다. 공식화된 참가나 민주적 과정이 보장되어 있다고 할지라도 기획안이 대중매체에서 다루어지면, 비록 그것이 부분적으로 환상일지라도 표면적으로는 공개적인 모습을 띄게 된다.

② 언론매체는 학습과정을 촉진시킨다. 언론매체는 기획가들로 하여금 고립된 느낌과 자기중심적인 성향을 줄이게 하는데 이용될 수 있다.

(2) 언론매체의 부정적 측면

① 언론매체에의 노출에 따라 이해관계가 별로 없는 집단이나 개인들까지도 기획을 반대하도록 동기부여를 제공하게 된다. 기획안이 공개되면 언론매체는 여기에 관심을 두게 되므로 필연적으로 많은 새로운 행위자들이 개입하게 된다.

② 언론매체는 사안을 왜곡시키거나 관계자들을 혼동시킬 수도 있다. 언론보도는 항상 정확한 것이 아니다.

③ 언론매체는 중요한 사안을 축소시키고 중요하지 않은 사안을 필요 이상으로 확대시킬 수 있다. 언론매체의 논리와 법칙은 기획 관련자들이 인식한 문제들을 지나치게 단순화시키는 경향이 있고 대안과 사실을 잘못 해석하고 부적절한 요소를 새롭게 등장시킬 수도 있다.

④ 언론매체는 정치적 관심과 관련한 편집방침이 있으며 이해집단이나 광고업자의 압력에 굴복하기도 한다.

⑤ 어떤 경우에는 언론매체가 그들 자신의 영향력을 기획과정에 행사하기도 한다.

⑥ 대중의 관심을 유발시키기 위해 언론매체는 필요한 거짓말, 부적절한 강조 등을 행하는 경우가 있다.

5. 우리나라의 관심

우리나라의 경우 기획에 있어 커뮤니케이션의 활용에 관한 관심은 매우 부족하다. 학술적 관점에서 전문용어에 대한 논의는 지속적으로 이루어져 왔지만, 정부기관들이 기획과정에서 커뮤니케이션을 이루기 위한 연계망의 구축이나 대중매체를 활용하려는 노력은 부족하다. 다만, 기획이 실패한 이후 방어전략으로 언론매체를 활용하기는 하나 사전적이고 적극적으로 언론매체를 이용하려는 의지는 결여되어 있다.

그리고 정보자원은 기획의 신뢰성과 정당성을 제공하는 원천이므로 이를 잘 관리하고 수집된 자료나 정보는 공개가 이루어지도록 해야 한다. 특히 정보자원의 질의 향상은 기획의 질의 향상으로 연결된다는 점을 간과해서는 안 된다. 이런 의미에서 국가적 차원만이 아니라 지방적 차원의 지역정보화 체계구축과 지역간 정보 불균형을 시정시켜 나갈 필요가 있다.

또한 커뮤니케이션은 전문용어나 특수용어를 어떻게 이해시킬 것인지가 일차적인 관건이지만, 기획가가 스스로 한계가 있다는 점을 인식하는 것이 중요하다. 결론적으로 커뮤니케이션은 연계망의 구축과 기획의 정당성을 제공받기 위한 전략으로 잘 활용되어야 하며 이를 위해 언론매체 이용의 긍정적인 측면과 부정적인 측면의 속성을 잘 파악하여 대응해 나가야 한다.

제 10 장 기획참여이론

이 장에서는 기획에의 주민참여에 관한 이론화가 선행적으로 이루어진 미국의 사례를 중심으로 주민참여에 대한 이해의 폭을 넓힌 후 우리나라의 실제를 탐구하도록 한다.

제 1 절 주민참여의 배경과 정의

1. 주민참여의 배경

미국의 경우 초기의 주민참여는 1960년대에 도시주민들을 규합하는 수단이 되었고, 많은 주민들은 주민참여라는 용어를 정부의 모든 구조를 개방하며 권력과 권위의 재배분을 제공하는 것으로 이해하였다. 관료들이 주민참여를 정적인 개념으로 받아들인 반면에, 지역사회의 주민들은 자신들의 생활을 개선시키기 위한 전략으로 간주하였다.

관료들은 주민참여를 분노한 주민들을 진정시키는 일회성의 일탈로 취급하려 하였다. 주민들은 진행 중인 모든 사업에 주민참여가 필요하다고 주장함으로써 관료들의 이러한 사고를 제거시키려고 하였다. 왜냐하면, 지방정부 공무원들은 주민참여를 주민들을 진정시키며, 연방정부의 지침을 만족시키는 수단으로 간주하였기 때문이다.

미국의 경우 주민참여는 경제기회균등법의 제2장이 밝힌 "지역사회활동기관에 대한 최대한의 가능한 주민참여" 및 1967년 의회가 통과시킨 그린 조항(Green Amendment)에 따라 고쳐 되었다. 그린 조항은 빈민프로그램에 있어 위원회의 1/3을 빈민대표자로 구성하도록 하였다. 그러나, 의회, 시정부 및 지역사회 운동가들이 제각기 주민참여에 대해 기대하는 바가 달랐기 때문에 주민참여에 대한 이해는 더욱 어렵게 되었다.

2. 주민참여의 정의

주민참여는 주민권력을 설명하는 범주적 용어(categorical term)이다. 주민참여는 결정과정으로 부터 배제되어 권력을 지니지 못한 주민들을 의도적으로 참여할 수 있게 하는 것이다. 주민참여는 어떻게 정보를 공유하고 목표와 정책을 설정하며, 재원을 배분하고 사업계획들을 수행하며, 계약 및 지원과 같은 편익을 분할할 것인지에 관한 전략으로 자리한다. 그리고 주민참여는 주민들을 주요한 사회적 개혁 속으로 유도하는 수단이며 사회의 이익을 나누어 가질 수 있게 하는 방법이다(Arnstein, 216~224) .

3. 주민참여의 사다리

Arnstein은 "주민참여의 사다리"(A Ladder of Citizen Participation)라는 논문을 발표하였는데, 이것은 주민참여에 관하여 논의를 전개하는데 유익하다(Ross and Stedman, 1985:100~103).

(1) 조 작

조작(manipulation)은 주민들이 자문위원회에 임명되며 위원으로서 그들이 지방공무원들로부터 교육을 받거나 구속될 수 있는 단계이다. 주민참여라기 보다 공공관계(public relations)에 가까운 단계이다.

(2) 치 료

주민들은 종종 문제를 일으켜 왔던 공무원들의 행태를 변화시키기보다, 주민들 스스로의 행태를 변화시키는 방법을 논의하기 위해 모인다. 주민들 스스로는 자신들을 정책결정에서 매우 활동적이라고 느끼지만, 실제로는 그들이 조종을 받고 있다. 이러한 단계를 치료(therapy)라고 칭한다. "공공주택 주민모임"이 그 좋은 예이다.

(3) 정보획득

주민들이 자신의 권리와 책임 및 정부로부터 내려오는 정보의 흐름 등을 자각하게 되었다. 이런 정보들은 뒤늦게 얻어졌고, 따라서 협상이나 타협의 전망이 없었다. 1960년대의 모델 도시계획 모임(Model City Planning Meeting)은 정보획득(informing)단계의 문제에 대한 반영이다.

(4) 상 담

상담(consultation)은 주민참여의 중요한 구성요소가 된다. 주민들의 의견은 설문조사, 근린지역 모임 등을 통하여 모아진다. 그러나 이들 견해들을 정책결정 속으로 결합시켜 주는 과정이 없다면 상담은 단지 표면적인 기술에 그치게 된다. 초기의 도시재개발 프로그램들이 이런 기술을 사용했다.

(5) 회 유

지역사회의 일부 빈민들은 경찰, 교육, 주택, 보건위원회 위원으로 선출되었다. 이런 사람들은 선거구 주민들에 대해 책임질 수 없었고, 그들이 소속되어 있는 위원회에서의 활동도 문제가 되었다. 모델도시 프로그램하에서 만들어진 도시시범기관(City Demonstration Agencies: CDAs)이 회유의 좋은 예이다.

(6) 협 동

권력은 주민과 관료들 사이에 공유된다. 이것은 협상을 통하여 이루어지며, 두 집단은 모두 정책결정 과정에서 자신들의 책임을 잘 이해하고 있다. 두 집단 중에서 어느 집단도 일방적으로 이 관계를 변화시킬 수 없다. 주민과 관료들은 모두 자신들을 대표하는 집단에 대하여 책임을 진다. 필라델피아 도시시범기관의 정책결정위원회가 위원회의 11의석 중에서 5석을 주민에게 할당한 것은 협동의 한 예이다.

(7) 권한이양

주민과 공무원 사이의 협상은 정책결정에서 권력의 균형감을 갖게 해준다. 이 단계에서 새로운 프로그램과 정책에 관한 토론의 주도권을 가지려는 자들은 공무원들이다. 일부 모델 도시 프로그램들은 권한이양(delegated power)의 단계에 놓여 있다.

(8) 주민통제

주민들이 통제권을 행사하는 단계이다. 주민지도자들은 지역사회 주민들의 의견을 반영하기 위한 권력의 배분에 압력을 지속적으로 가하는데, 이것이 Arnstein이 이름 붙인 "주민권력의 단계"(degrees of citizen power)이다.

Arnstein의 유형은 주민과 관료사이의 권력배분에 관한 참여의 형태를 잘 보여 주고 있다. 하위에 있는 조작이나 치료는 주민들을 참여할 수 있도록 조정하거나 조작함으로써 관료들의 이익을 가져오게 하는 것이다. 사실 지역사회활동 프로그램에 대해 비판적이고 활동적인 주민지도자들도 정책결정과정의 내부에 참여함으로써 흡수되거나 중립적이 된다.

Arnstein의 유형은 이익집단들로 하여금 얼마나 많은 권력이 재배분되고 있으며 그것이 어떻게 행사되고 있는지에 대한 이해를 갖게 하여 관료들과의 협상지침으로 활용되었다.

제 2 절 주민참여의 측정

1. 측정의 결과

주민참여의 측정문제에 대한 연구결과들은 높은 소득, 보다 나은 직업, 높은 교육수준에 있는 사람들이 상대적으로 낮은 사회경제적 지위에 있는 사람들보다 사회적, 정치적 활동의 양면에서 참여를 더욱 원한다는 사실을 보여주고 있다(정덕주, 1995:151).

참여 프로그램들이 집행되고 주민참여의 매카니즘이 정착되면 주민들이 참여의 기회를 잡을 것이라는 사실이 예상되었으나 그 결과는 매우 혼란스럽게 나타났다. 연방기관이나 입법부에서 주민참여의 수준을 규정하지 않았기 때문에, 초기의 프로그램에서 주민개입을 위한 공식적인 메카니즘은 최소한의 기대에도 미치지 못하였다.

초기의 빈민프로그램은 주민들로 하여금 지역사회 활동위원회(Community Action Boards)를 위해 봉사할 대표자를 선출할 것을 요청하였다. 그러나 빈민들은 주민참여에 관심이 없으며 그들의 미래를 결정하는 데 있어 도움을 원하지 않는다는 반응을 나타냈다.

이런 점은 빈민프로그램이 빈곤하며 교육을 덜 받은 주민들에게 잠재적인 권력이 된다는 점을 이해시키려면 상당한 시간이 걸릴 것이라는 점을 시사한 것이다.

이에 따라 하위집단의 참여의 문제점을 제기되었다. 하위 참여집단은 모임과 선거에 관한 정보도 부족하며, 참여에 대한 계획도 빈약한 집단의 특성을 갖고 있다. 특정 상황에서 주민참여는 그 이슈의 결과와 상관없이 참여하는 경우라면 성공적일 수 있다. 그러나 대다수의 경우 지식을 지닌 소수의 사람들이 엘리트로서 나타나게 된다(Ross and Stedman, 1985:103~105).

2. 주민참여 측정의 시사점

① 각기 다른 수준의 정부기관들에 대한 주민참여의 과정을 논의할 때에는 어떤 통일된 형태의 기준이 적용되지 않는다.

② 정부기관은 법률이나 규제에 따른 집행을 위해 주민참여 활동을 통제할 필요도 있다.

③ 주민참여의 요구가 주정부나 지방정부 공무원들로 부터 언제나 환영받았던 것은 아니다. 그러나 근린지역 주민들의 참여에 대한 압력은 주민의 권리가 침해되어서는 안된다는 사실을 공고히 하는데 도움을 주었다.

④ 연방정부나 주정부 혹은 지방정부 모두는 효과적으로 주민참여의

측정을 수행하지 못하였다. 프로그램, 공무원 및 주민집단들의 다양한 특성 등은 주민참여의 측정을 불가능하게 한다.

제 3 절 연방정부와 주민참여

연방정부는 지방정부의 주민참여에 대해 꾸준히 관여해 왔다. 이런 활동의 공론화된 형태는 1964년의 경제기회균등법의 “가능한 최대의 참여”라는 조항에 근거한 것이다. 그러나 다른 일부 연방프로그램들인 경우는 빈곤에 대한 전쟁이 개시되기 이전에도, 주민참여를 필요로 하였고 이를 시행하였다. 그 중 가장 주목할 만한 세 가지는 도시재개발프로그램, 지역사회개선을 위한 실천프로그램(Workable Program for Community Improvement), 청소년 범죄 실증계획(Jevenile Delinquency Demonstration Project) 등이다(정덕주, 1995:155).

빈곤에 대한 전쟁이 실시되고 난 2년 후에, Johnson 행정부는 모델 도시프로그램(Model Cities Program)을 마련하여 연방적 차원에서 주민참여의 실제를 확장시켰다.

1970년대는 연방입법을 통해 주민참여가 급격하게 확대 된 시기이다. 연안지역 관리법(1972), 우선경제기회 및 지역사회 협동법(1974), 자원보존 및 복구법(1976), 주택 및 지역사회 개발법(1972), 개정 연방 수질오염통제법(1972), 지역개발법(1975) 등은 각종 프로그램의 수립과정에서 그 담당기관들이 공청회를 개최할 것과 주민과의 연계를 강화하고 법률의 집행 시에 “영향을 받게 되는 집단들의 자문을 구할 것” 등을 규정하였다.

주민참여는 1976년에 개정된 일반세입분배 법안의 시행으로 그 절정을 이루었다. 원래의 법은 3만 9천여 개나 되는 정부의 단위기관들을 포괄하는 것으로, 이들 기관으로 하여금 세입분배자금에 대한 계획과 그 실제적인 활용에 관한 보고서를 발간할 것을 요구하고 있었다. 주정부와 지방정부는 그들 자신의 독자적인 자금을 지출할 때와 마찬가지로 세입분배 자금을 지출할 경우에도 동일한 절차를 적용하도록 요구받았다. 이것은 공청회, 공시(public notice), 공개된 회의를 필요로 하고 있다는 사실을 뜻하는 것이다(정덕주, 1995:156).

많은 주민집단들은 세입분배처(Office of Revenue Sharing)에 대한 불만을 갖게 되었는데, 왜냐하면 중요한 결정이 이루어지고 난 후에야 세입분배 자금에 대한 공청회가 개최되었다는 사실 때문이다. 이에 대한 구제책으로 1976년의 개정 법안은 결정과정의 초기에 제안 및 활용에 관한 공청회를 개최할 것과, 결정과정의 후반기에도 모든 의견이 수렴되면 공청회가 이루어질 것을 요구하였고, 이러한 절차가 최종결정에 앞서 이루어지도록 하였다.

제 4 절 지방정부와 주민참여

주민참여는 지방정부의 활동 및 공무원들에게 영향을 끼쳐 왔다. 시장과 카운티행정관 및 시 지배인들은 지역사회 내의 주민참여의 과정에 관여하게 되었다. 이러한 점은 지역사회 내의 주민집단과 집행기관의 책임자가 밀접하게 협력하게 되었다는 것을 뜻한다.

주민과 정부간의 신뢰관계의 구축은 주민참여 프로그램을 개발하는데 있어 중요한 요소이다. 그러나 주민참여의 증가는 행정부와 관료중심의 정치에 대한 위협을 반영하는 것이라고 할 수 있다. 주민들이 정책결정과정에 관여하게 되면서 관료들은 행정적인 재량권을 점점 잃게 되었다. 더 나아가, 주민참여가 정부의 정책결정 과정을 개방시킴으로써 근린지역 주민들은 프로그램과 정책에 관해 토론하고 협상할 수 있게 되었다. 관료들은 보고서의 기술적인 측면을 이해할 수 있는 전문가들뿐만 아니라 일반주민들도 알 수 있는 정보의 산출이 필요하다는 점을 인식하게 되었다.

관료들은 또한 주민참여를 그들의 직위, 승진, 정책개발의 도의적 및 법적 책임성 등에 대한 잠재적인 위협으로 간주하였다. 불만스러운 주민들이 그들을 비난할 것이라는 두려움 때문에, 관료들은 폐쇄적으로 주민들과의 접촉을 줄이는 방식으로 이에 대응했다.

지방의원들은 그들 스스로가 주민참여 문제의 딜레마에 직면해 있다는 사실을 발견하고, 일부 의원들은 주민참여를 선거구 주민들과의 의사전달을 위한 하나의 새로운 수단으로 간주하였다.

또 다른 일부의원들은 주민참여를 자신들의 권력기반에 대한 위협으로 간주하여, 자신들을 내쫓으려는 잘 조직화된 소집단으로 간주하였다.

제5절 주민참여의 효과

주민참여는 긍정적인 효과와 부정적인 효과가 동시에 존재한다(Ross and Stedman, 1985: 100~108).

1. 주민참여의 긍정적 효과

① 주민참여는 민주적인 이론으로 구성되어 있다. 주민참여는 의사결정 과정에 참여하는 사람들의 수를 증가시키고, 주민들로 하여금 보다 나은 정보와 정보의 접근을 가능하게 하며, 정책결정을 위한 대안을 증가 시킨다.

② 주민참여는 지역사회내의 지도자를 개발시킨다.

③ 주민참여는 지역사회내의 정치적, 사회적인 연결고리를 마련한다.

④ 주민참여는 참여하는 사람들에게 심리적인 보상을 제공해 준다. 그것은 무력감을 감소시켜 주고, 자신들에 대한 유효성을 일깨워 주는 것을 통해 나타난다.

⑤ 주민참여는 지방정부로 하여금 근린지역과 그 지역주민들에 대한 결정행위의 정당성을 갖도록 한다.

⑥ 주민참여는 하나의 프로그램이나 프로젝트가 끝난 뒤에 이에 대한 자긍심을 갖도록 해준다.

2. 주민참여의 부정적 효과

① 주민참여는 결코 완전하지 않으며 때로는 불공정하거나 지역사회 중심적인 이익만을 반영한다. 개인들은 단기적인 단일문제만을 선호하는 경향이 있는 반면에 참여와 개입을 회피하는 경향이 있다.
② 주민참여는 하나의 문제를 해결하는 동안 또 다른 문제들을 야기시킨다. 주민참여의 메카니즘이 존재할 때 지역사회 집단간의 경쟁은 증가하게 된다.
③ 주민참여는 시역전체의 문제에 손해를 끼치는 지엽적인 이슈들에 대한 이익만을 고조시키는 경향이 있다.
④ 주민참여는 최상의 조건하에서도, 도시의 물리적인 계획과 개발에 대해 아주 적은 영향만을 미친다.
⑤ 집단으로 조직화된 주민들은 지방공무원들이 보편적으로 수용해야 할 대상이 아닌 경우가 많다. 한번 조직화된 이런 집단들은 정부의 업무처리 과정을 지연시키며 공무원들을 소외시킨다.

제 6 절 우리나라의 주민참여

우리나라의 주민참여는 지방자치단체가 구성하고 있는 각종 위원회가 대표적이다. 그러나 대다수 위원회는 그 구성에 있어 위원의 선임권이 집행부에 있고 소속 공무원이 직접 참여하는 비중이 높으며 위원선임의 공식적인 절차 또한 제대로 마련되어 있지 않다.

그리고 주민조직으로서 이·동 개발자문위원회 같은 조직이 있어 지역사회의 중요한 문제에 관해 자문기능을 수해해야 하지만 소위 관변단체라는 인식이 팽배해 있다. 물론 이와 같은 이유는 주민보다 관청의 입장을 대변해 온 그간의 행태 때문이다. 그리고 동사무소의 기능전환에 따른 주민자치센터가 설치되어 있어 주민참여 실현의 가능성을 높였지만 대다수 건강, 취미, 스포츠, 레크리에이션 기능 등에 치중하고 지역의 현안과제를 논의하는 장(場)으로 활용되고 있지 못하다.

가장 활발한 주민참여로는 1976년부터 시행된 반상회가 있어 이웃 간 공동관심사를 논의하고 지역사회의 시책을 주민에게 알리는 기능을 수행하고 있다. 그러나 자발적인 참여가 부족하고 참여자들 또한 주로 주부인 여성으로 한정되어 있다.

이와 같이 주민참여 과정에서 참여자의 범위가 문제가 되는데 참여의 저변확대가 필요하다. 그리고 행정과정의에서의 전체적인 참여가 이상적이지만 계획작성 이전 단계의 참여는 매우 부족한 실정이다.

결국 우리나라에서 주민참여를 활성화 하려면 개별법률에서 참여를 명시한 제도화와 참여적인 행정문화를 마련해 나가는 것이 중요하다. 이를 위해서 공무원과 주민의 의식과 태도의 변화가 필요하며 그 지름길은 참여교육에 달려있다.

제 3 부

기획의 한계와 전략

제 11 장 기획의 한계와 실패

효과적인 기획을 이루어내기 위해서는 다음과 같은 기획의 한계와 실패의 요인을 충분히 이해하여야 한다.

제 1 절 기획의 한계

기획활동을 수행하는데 있어서는 많은 제약요소와 한계가 뒤따르기 마련이다. Koontz의 견해를 중심으로 기획의 한계를 살펴보면 다음과 같다(Koontz, 1984:215~219).

1. 기획전제 설정의 어려움

기획전제 설정의 어려움은 지식의 위기를 암시한다. 미래를 정확하게 알 수 없을 때 기획전제란 오류의 여지를 지닐 수밖에 없다. 인간이 내리는 의사결정에는 여러 가지 불확실성이 내재되어 있다. 따라서 행정환경의 불확실성과 가치의 불확실성은 의사결정의 불확실성을 증대시킨다. 다행히 이와 같은 문제는 예측의 기술(forecating techniques)에 의해 줄어들거나 신속히 예기치 못한 상황에 대처할 수 있는 가정이나 대안을 가진 상황적응적 계획(contingency planning)을 지니고 있을 때 미래의 불확실성을 줄여나갈 수 있다.

2. 급격한 변화의 문제

급속한 변화 또한 기획의 제한적인 요소로 자리한다. 최근 제기되고 있는 정치, 경제, 환경, 자원, 정보, 문화 등의 급속한 변화는 우리나라의 기획환경으로 자리하면서 지대한 영향을 미치고 있다. 특히 중장기적인 계획들은 급속한 환경의 변화에 따른 실효성이 제기될 수 밖에 없다. 오늘날은 과거에 비해 그 변화의 속도가 훨씬 빠르다는 점에서 이에 대해 어떠한 대응능력을 갖추느냐 하는 것이 중요한 과제로 떠오르고 있다.

3. 내적 신축성의 결여

기획은 행정의 경직화를 초래하는 경향이 있으며, 수립된 계획이 세밀할수록 경직성은 높아진다(신두범 외, 2003:245). 내적 신축성은 변화에 대해 조직내의 사고나 행동의 패턴을 바꿀 수 있는 심리적인 부분과 정책 및 절차의 신축적인 부분과 관련된 것이다. 한번 마련된 정책과 절차를 새롭게 변화시키기란 매우 어렵다. 따라서 환경의 변화에 대응할 수 있는 내적 신축성의 여부가 기획의 성패를 판가름한다.

4. 외적 신축성의 결여

기획의 관리자들은 기획환경내의 사회적, 기술적, 지리적, 경제적인 부분을 통제할 수 없거나 최소한의 영향을 미칠 뿐이다. 기획환경의 변화가 급속하거나 완만할지라도 외적 신축성 즉 정치적인 풍토, 노조, 기술적 변화에 신축적으로 대응해 나가지 않으면 안 된다.

5. 비용과 시간

비용의 측면에서 얼마나 기획이 가치가 있는지, 그리고 시간적인 측면에서는 투자회임기간 등이 고려되지 않으면 기획은 한계를 갖게 된다.

6. 행정적인 제약

기획요원의 능력부족, 번잡한 행정절차 및 회계제도, 재원의 제약, 조정의 결여 및 정치적 안정의 결여 등은 기획의 제약요인으로 자리한다.

제 2 절 기획의 실패요인

기획이 실패하는 요인은 여러 가지로 나타나지만 다음과 같은 것들이 핵심적인 부분으로 자리한다(Koontz, 1984:213~215).

1. 연구결과의 갈등

많은 조직체에 있어 기획에 관한 연구가 선행적으로 이루어 졌을 때 기획은 작동된다. 즉 연구가 뒷받침되지 않은 기획은 무용지물이다. 그러나 기획에 관한 연구가 혼동을 초래하거나 연구결과에 있어 갈등이 있을 때는 어떤 결정도 내릴 수 없으므로 이와 같은 계획은 쓸모가 없다.

2. 집행전략과 목표의 결여

견고한 집행전략이 없으면 기획은 잘못된 방향으로 나간다. 전략 없는 행동을 통한 집행은 희망 내지 소망에 관한 진술일 뿐이다. 그리고 목표가 분명하지 않은 기획은 효과적인 기획이 될 수 없다. 따라서 강점, 약점 그리고 내외적인 여건을 고려한 목표가 아니면 기획은 실패한다.

3. 기획범위 이해의 문제

기획시스템이 완벽하려면 목표, 목적, 전략, 정책, 규칙, 절차, 예산, 프로그램 등에 관한 기획의 범위를 이해하면서 분석과 결정 및 집행을 수행해야 한다.

따라서 경험에 과도하게 의존하는 것을 지양해야 한다. 경험이란 것은 과거에 행하여졌던 것으로 미래의 상황에는 오히려 적절하지 않고 위험을 초래하기도 한다. 그리고 많은 문제가 제기되는 상황에서는 검토해야 할 변수나 요소가 확대되어야 하는바, 이럴 때 한정된 내용만 검토한다면 실패가 뒤따르기 마련이다.

4. 최고관리자의 지원의 결여

최고관리자가 신념을 갖고 계획에 대한 지원을 수행하고 의사결정을 행하면 하위직은 그 계획을 잘 수행하게 되지만 그러하지 못할 때 기획은 실패한다. 최고관리자는 기획부서의 요원들의 잦은 인사이동을 자제하고 지속적으로 기획활동에 대한 지원을 아끼지 않아야 한다.

5. 명백한 위임의 결여

기획관계자들이 그들의 역할이 무엇인지 알지 못하거나, 조직내에서 그들이 수행하는 일이 다른 부처와 어떤 관련을 맺고 있는지를 파악하지 못하거나, 결정에 있어 명백한 권한을 지니고 있지 못하면 기획은 실패한다.

6. 통제기술의 결여

기획은 통제와 밀접히 관련되어 있다. 따라서 적절한 통제기술과 정보가 뒷받침 되어야 한다. 따라서 기획통제는 사후통제가 아니라 사전통제와 진행통제라는 점을 유의해야 한다(최신융 외, 2003:161).

통제기술이 결여된 예로는 정부가 시장반응 함수의 불규칙성과 동태성을 적절히 통제하지 못해 나타나는 부동산 문제가 그 좋은 예가 된다.

7. 변화의 저항

기획이란 어떤 새로운 것을 암시하고 있으며 이는 곧 변화를 뜻한다. 따라서 변화를 잘 예측하고 관리하여야 한다. 그리고 변화에 대하여 사람들이 저항한다는 것은 인식하여야 한다.

제 12 장 학습전략과 승수효과

학습은 실체를 변화시키기 위한 행동이며, 정치적인 전략과 전술이고 사회의 모습을 알려주는 실체이론(theories of reality)을 토대로 한 것으로 가치를 포함한 복잡한 과정이다. 이와 같은 의도적인 행동은 사회적 실천의 한 형태를 구성한다. 즉 실천과 학습이 상호관련 과정으로 이해되는 것이 학습의 본질이다(Friedmann, 1987:181~182).

그리고 승수(multiplier)란 어떤 아이디어가 설득력을 갖게 되고, 새로운 방향의 행동에 대한 지지가 늘어나고, 망설임이 사라지며, 개인이나 집단이 주어진 방향으로 진행해 나가려고 할 때 그 파급효과를 뜻하는 개념이다.

제 1 절 학습의 필요성

기획가의 지식은 언제나 부족하며 알고 있는 것조차 혼란스러우며 애매한 것이 현실이다. 따라서 학습이 필요하다. 기획에 있어 학습이 필요한 것은 기획가에게만 한정되는 것이 아니다(Faludi, 1979:35~53). 학습은 모든 기획관련 행위자들에게 요구된다. 결국 "어떻게 학습할 것인가?"가 실제적인 문제로 대두된다.

복잡한 정책선택에 직면한 기획가는 먼저 사례연구에서 문제해결의 출발점을 찾고 있다. 왜냐하면 자신들의 사고 속에 없는 지식을 습득할 수 있다고 믿기 때문이다. 최근에는 기획가의 지식으로 경영적이고 의사전달적인 역할과 기술에 비중을 두고 있다.

실제로 미래의 과학적 발견 또는 미래의 주요한 발명들을 예측한다는 것은 사람의 머리에 자리하고 있는 아이디어를 예측하고 평가하는 것이다. 그러므로 과거경험을 해석하여 향후 무엇이, 어떻게 발생할 수 있는가에 대한 통찰력을 얻는 것이 중요하다.

대개의 경우 기획주체는 주요관심사에 대한 약간의 아이디어와 적은 예산을 가졌을 뿐이다. 결국 기획과정의 문제는 "기획가 자신들이 모르고 있다는 사실을 깨닫지 못한다"는 점이다. 따라서 기획가들에게는 학습이 조직의 내부와 외부의 많은 분야에서 발생하고 있다는 것, 그리고 자신의 지식이 부족하다는 것을 인식하는 것이 중요하다.

1. 학습의 어려움

학습은 "우리가 모든 것을 알지 못한다."는 점을 함축하고 있다. 기획가들은 전문가라는 자존심을 갖고 있기 때문에 자신들이 많이 모른다는 것을 인정하기 싫어한다. 기획가들이 자신들의 지식이 부족하다는 것을 인정할 경우에는 자신이 능력이 없는 사람으로 평가될 것이고, 이것이 두렵기 때문에 학습은 방해된다(Benveniste, 1990:113~115).

또한 학습은 과거에 행해져 왔던 것이 더 이상 가치가 없다는 점을 함축하고 있다. 만약에 학습이 이루어지면 다르게 행동할 것이다. 그리고 어떤 조직에서의 개개인들이 이해관계를 갖고 있을 경우 그들은 변화를 주저하며 어떠한 학습도 반대하는 경향이 있다.

끝으로 학습은 유인적인 체제를 요구한다. 학습하기 위해서는 위험에 처하거나, 오류를 범할 수 있다는 점을 염두에 두어야 한다. 대부분 기획가들은 위험부담을 회피하려고 한다. 어느 정도의 오류를 범할 수도 있다는 인식이 존재하지 않는다면, 대부분의 혁신가들은 신중한 전략을 추구할 것이며 그 결과 학습효과는 감소된다.

2. 학습의 유형

학습은 규칙을 바꾸거나 사례에 접하는 접근방법의 변화를 의미한다. 학습의 유형으로는 모의실험, 시범적인 사업계획, 전면적인 평가 등이 있다(Benveniste, 1990:118~123).

(1) 실험과 모의실험

실험(experiment)과 조사의 경우는 모의실험보다는 현실에 다가가는 단계이며, 통제된 상황 내에서 일어나기 때문에 훨씬 위험부담이 적다. 문제는 과도한 시간이 요구된다는 것과 모의실험보다 더 많은 자원이 사용된다는 것이다. 그리고 통제된 상황에서 시작되었기 때문에 현장 상황에서 일어날 수 있는 모든 것들을 밝히는 것은 어렵다. 그러나 모의실험(dry runs)은 위험을 거의 주지 않고 과도한 비용이나 시간지체를 수반하지 않는다.

(2) 시범적인 사업계획

시범적인 사업계획(pilot project)은 제안된 계획을 현장 내에서 실시하는 소규모 사업이다. 시범적인 사업계획은 모든 필요한 행위자 즉, 집행자들과 수혜자들을 관련시키고 있기 때문에 가치 있는 학습접근법이다. 시범적인 사업계획은 사업규모를 작게 유지하고 성과를 조심스럽게 알 수 있기 때문에 위험부담이 줄어든다.

(3) 전면적인 평가

전면적인 평가(full-scale evaluation)는 책임성과 학습에 기여한다. 평가는 기획활동을 지연시키는 것이 아니다. 평가에 의해 제공된 정보는 기존의 정보보다 더 신뢰 할만하다.

제 2 절 기획의 승수효과

1. 승수효과

(1) 중요성

승수는 권력의 근원이 되므로 중요하다. 승수가 작동될 때 그것은 행동의 결과에 대한 공유된 믿음의 원동력이 된다. 승수는 다양한 경로의 행동이 가능하고, 잠재적인 갈등이 존재하거나, 결정을 할 수 없는 상황의 경우 특히 중요하다. 어떤 일이 일어날 것이라는 일반적인 확신이 존재하면 개인은 그 사건이 일어나도록 돕거나 그 반대의 입장을 공고히 하는 쪽으로 행동을 조절하게 되는데 이와 같은 현상이 벤드웨곤 효과(bandwagon effect)이다.

주식시장의 예를 들면 다수의 분석가들이 주식을 팔려고 결정하면 서로 팔려고 해서 주가하락을 가속화 시킨다. 주식시세가 바닥에 도달했다고 믿게 되면 서로 매입하려 하여 장세는 상승하게 된다.

정치의 경우 한 후보자가 당의 지명권을 거의 획득한 것처럼 보이면 이 후보가 지명될 것이라는 믿음이 생기는 시기가 다가온다. 바로 이때 모든 사람이 승리자로 여겨지는 사람 쪽으로 돌아선다. 이러한 상황에서는 처음부터 지지했던 사람들이 선호되는데 일단 벤드웨곤 효과가 나타나면, 후보자는 자신에 대한 지지의 필요성을 적게 느끼게 되며 그 지지의 가치도 적게 취급하게 된다.

따라서 선거에 있어 정치자금 기부자들은 한 사람이 확실한 우위를 보이기 전까지는 모든 후보자에게 기부하는 경향이 있다. 그러나 정치에서의 벤드웨곤 효과와 기획에서의 승수효과에는 차이가 있다. 기획은 전문기술적인 논거가 신뢰성을 확보하는데 있어 더 중요한 요소로 자리한다(Benveniste, 1990:134~135).

(2) 갈등과 승수

갈등은 승수효과를 잠식한다. 어떤 기획상황 이라도 갈등은 존재한다. 얻는 자도 있고 잃는 자도 있다. 사람들은 가능이득과 가능손실을 인식하게 된다. 따라서 협상과 동의를 통해 갈등을 줄이면 승수는 강화된다. 갈등의 관리는 기획에 있어서 중심 요소인데 왜냐하면 갈등의 해결은 집행의 근거를 제시하기 때문이다.

(3) 지식과 승수효과

어떤 종류의 지식이 의사결정자에 영향을 주는 것인지에 대해, Polsby는 사안에 영향 받는 정치그룹의 이해, 전문가의 지적 확신, 비슷한 사안이

다른 지역에서 다루어지는 방법에 대한 비교지식 등이 영향을 미치는 것으로 보고 있다(Polsby, 1984:165).

지식은 기술적 지식(technical knowledge)과 정책지식(policy knowledge)으로 구분해 볼 수 있는데, 기술적 지식은 어느 정도의 확실성을 가지고 예측할 수 있으며, 이론적인 이해에 근거하며 상당히 정확한 예상을 전제로 하고 있다. 그러나 많은 기획의 문제들은 자연과학적 지식보다 신뢰성이 없는 것으로 밝혀진 사회과학적 지식에 의존하고 있다.

정책지식은 정책의 선택이나 결정으로 부터 많은 영향을 받게 되는 사안에 관한 것이다. 각 사안들은 전문적인 측면의 접근도 요구되지만 가치가 우위에 선다. 인간들이 무엇을 하며, 하지 않는지, 그들이 어떻게 변화에 대응하고 행동해야 하는지 등에 관한 것은 정책결과에 큰 영향을 미친다. 기술적인 문제점에 관한 불확실성이 클수록 정책지식은 기획의 신뢰도에서 중심요소가 된다. 그러므로 사회과학적 지식이 사용되어져야 할 많은 정책범위에서, 과정의 정치 즉 정책 선택권의 중요성은 기술적 지식보다 더 중요하다. 기술적 지식이 중요한 정책 요소일 때는 대부분의 경우 전문가의 합의된 견해를 중요시 한다.

승수는 사용된 지식의 신뢰도와 질에 따라 영향을 받으므로, 신뢰할 수 없고 불충분한 지식일 때에는 신뢰 할 수 있는 계획을 수립하기가 어려워진다.

(4) 의사결정자의 수용성

의사결정자의 지식과 연구의 수용성의 정도에 따라 승수효과는 다르게 나타난다. 의사결정에 관한 사회과학 연구의 영향에 관한 연구에서 Weiss는 의사결정자의 수용성의 요소를 다음과 같이 들고 있다(Weiss, 1980).

① 연구의 질
② 연구결과가 의사결정자가 예상하는 것과 부합되는 정도
③ 현재의 상태에 대한 도전적인 정도
④ 전문적 지식이 행동으로 변화될 수 있는 정도
⑤ 전문가의 합의의 강도와 지속성

(5) 정치적 지식의 확산

최근 지방정부수준에서도 시민단체들이 조직화되어 정부에 대처하는 방법을 터득하였고 기획의 정치성은 정치문화의 일부가 되었다. 풀뿌리단계에서의 개입, 이익집단의 활성화, 광범위한 대중매체의 이용 등 참여의 증가를 가져왔다.

(6) 기술적 논거

기술적 논거는 기획에 대한 신뢰와 필요성을 뒷받침 한다. 그러나 기술적 논거는 이해관계의 범위를 제한하거나 늘이는 제약요인으로 작용한다. 기술적 논거의 선택은 특정 참여자들을 이롭게 하거나 해를 끼치게 할 수도 있다. 기술적 방법론의 선택여부는 합의를 위한 근거를 마련하는 기술에 달려 있다.

2. 권위구조와 승수

(1) 기획가의 권위

기획가들이 참모기능을 갖게 되면 정보에 직접적으로 접근이 가능하다. 이것은 그 자체로서도 상당한 권한이다. 어떤 상황에서는 더 이상의 권한도 가진다. 예산과정에서의 역할을 할 수도 있으며 규제기능 또한 가질 수 있다.

그러나 불행하게 기획가들은 자신들에게 부여된 권한을 종종 상실한다. 왜냐하면 최고결정권자 주변의 핵심간부들이 자신들의 권한이나 영역을 쉽게 포기하지 않기 때문이다. 기획가는 전문적 역할 때문에 기획활동의 초기단계에서는 어떤 공식화된 권한을 획득하지 않는다. 기획가의 역할은 직무를 수행해 가면서 변한다. 기획가는 그들이 문제를 해결함으로 사실상의 권한을 획득하고 그럼으로써 마침내 정당한 권한을 획득한다.

(2) 전술가로서의 기획가

기획가들은 자신들의 전문적인 직업의 자율성을 방어해야 하는 입장에 서 있을 때, 쟁점 사안에 대한 관할권의 요구, 공공의 개입에 대한 저항, 자신이 최선이라고 생각하는 계획의 제출, 이용하는 정보의 선택, 원하는 고객의 선택, 그들과 직접 연관된 환경에 놓여 있는 집행자들에 대한 관심 등을 나타낸다(Levin,1976).

그러나 기획가들은 적법한 권한을 획득하지 못하거나 부적절한 지지자를 선택하여 승수효과를 유발하지 못할 수도 있다. 대다수 기획가들은 승수효과에 대해 관심이 있으며, 대안들을 찾기 위해 좁게 규정된 자신들의 역할 이상을 수행할 자세를 갖고 있다.

제 13 장
연계망 구축의 전략

연계망 구축(networking)은 계획수립과 집행을 위한 유관 이해관계자(stakeholders)들의 연결에 관한 것이다. 연계망은 공식조직의 한 부분일 수도 있고 또한 아닐 수도 있다. 연계망의 구축은 매우 중요한 일이 공식적인 채널의 외부에서 추진되고 있다는 점을 암시한다. 왜냐하면 불시에 나타나는 생각과 행동들이 공식적인 구조 안에서 적절하게 인식되거나 연결되는 것은 아니기 때문이다(Benveniste, 1990:157).

제 1 절 연계망의 성격

1. 비공식적 연계망

연계망은 시간을 넘어 존재한다. 대부분의 비공식적인 연계망은 오랜 역사를 지니고 있다. 오랜 기간 동안 함께 일해 온 사람들은 그들만의 경험으로부터 상호신뢰를 획득한다. 비공식적 연계망은 참여자들이 함께 한 최초의 임무가 끝난 후에도 오랫동안 존재한다.

비공식적 연계망은 친선그룹이다. 비공식적 연계망은 비슷한 경험 및 같은 신념을 공유하거나, 비슷한 목표를 추구하거나, 또는 비슷한 직업적 관심을 가진 사람들로 구성된다.

대개 많은 수의 연계망들이 조직 간에 또는 조직 내에 존재한다. 어떤 연계망은 업무적인 기능을 수행하는 반면, 또 다른 연계망은 보다 활동에 치중하는 경향을 나타낸다. 활동연계망은 업무적인 기능에서 개개인을 연결시킬 수 있다. 그러나 너무 많은 연계망을 염두에 둔다면, 연계망의 구성 그 자체로 끝나버릴 수 있다. 즉 연계망구성에서 시간을 낭비하거나, 불필요한 거래에 빠질 수도 있고, 무엇을 성취해야 하는지에 대한 안목을 잃기도 쉽다.

연계망은 제한된 능력을 가진다. 연계망은 한 순간에 여러 가지 주제를 다룰 수가 없으며 연계망을 활용하려면 시간적인 요소를 고려해야 한다(정덕주, 1999:124~125).

2. 연계망의 참여동기

연계망은 회원들에 따라 그 유효성이 규정된다. 비공식적 환경에서 만났던 개개인들이 활기찬 행동가로 처신했지만 자신들의 업무로 돌아가면 다시 조심스러운 태도를 취하기도 한다.

연계망은 교환가능성과 유용성 때문에 지속된다. 연계망의 구성은 재화와 용역의 교환, 가치 있는 상품을 제공하는 능력, 그리고 동기부여를 의미한다. 정보를 얻기 위해 사람들은 반대급부로 뭔가를 주어야 할 것이다. 이러한 주고받음이 연계망의 참여동기 이다.

그리고 연계망은 자기 선택적인 경향이 있다. 회원자격은 동질성을 갖게 하고, 그들은 선택된 의제에 초점을 맞추는 경향이 있다. 그리고 무엇이 중요하고 어떻게 행동할 것인지에 대한 보편적인 전제들을 공유하는 경향이 있다.

3. 권력과 상징성

연계망은 행동을 위한 채널이다. 연계망은 의사전달의 채널이지만 협력적인 집행에 사용될 수도 있다. 연계망은 다른 조직들과 교차하고 연결되면서 그 자체가 하나의 조직이 된다.

연계망은 권력의 근원이다. 권력은 많은 이슈들, 운동 등을 함께 연결할 수 있는 사람들로 부터 생긴다. 그러나 그러한 연결의 지속은 참여한 사람들이 그들의 활동으로 부터 얻는 보상에 달려있다.

그리고 연계망의 구성은 상징적인 측면이 있다. 상징은 연계망에서 중요한 것이다. 신념에 찬 운동의 존속, 새로운 견해를 표현할 기회, 등은 관심 있는 회원들의 헌신을 유지시킨다.

제2절 연계망 구축의 전략

기획에 있어서는 연계망 구축의 전략을 살펴보면 다음과 같다.

1. 정보와 세력거점 확인

기획은 정보에 의존한다. 연계망구성의 일차적인 목적은 정보를 얻는 것이다. 처음에 기획가는 문제가 무엇처럼 보이는가에 대한 기본적인 이해를 갖고자 한다. 즉, 관련된 이해관계자는 누구인가? 학습이 어디에서 일어나고 있는가? 관련된 이해당사자는 무엇을 알고 있고 의제를 어떻게 인지하고 있는가? 등을 알기 위해, 누구의 정보이며, 어떤 연계망에 그들이 들어갈 수 있는지를 확인한다.

따라서 연계망의 구축은 하나의 교환과정이며 정치적 캠페인과 유사하다. 연계망의 구성은 그것이 제공하는 명성 때문에 가치가 있을 수 있다. 즉, 자신들이 조직이나 지역사회에 근원적인 변화를 가져올 수 있다고 생각하며 그들 자신이 엘리트 그룹에 속한다는 이유 때문이다.

연계망은 있어야 할 곳에 항상 있는 것은 아니다. 그러므로 연계망이 존재하지 않을 때는 새로운 연계망을 창조해 내야 만 한다. 때때로 의제들을 찾아내서 정보를 얻어내기 위한 장치, 예컨데 일시적인 업무 추진팀이나 포럼같은 연구모임을 만드는 것이 유용하다.

그리고 연계망 구축작업은 훌륭한 정보제공자를 찾는 일이다. 누가 무엇을 알고 있고, 누가 그 의제들을 설명해 줄 수 있고, 또 누가 이와 같은 사람들을 확인해 줄 수 있는가를 찾아내는 일이 요구된다. 시간과 자원은 극히 제한되어 있으므로 좋은 정보를 재빨리 모을 수 있는 작업이 필요하다.

세력거점을 확인하는 것은 누가 중요한 이해당사자 인가를 알아내는 것이다(Gergen, 1968). 세력거점에 관한 논의는 상황의 동태성을 이해하는 것과 관련된다. 어떤 사람들이 의제와 연관되어 있으며 그들은 어떤 관심을 보이고 있는가? 그들이 행동할 수 있도록 어떻게 동기화 시킬 것인가? 등과 같은 의문이 세력거점 확인의 관심사항이다.

2. 연합의 형성

연합의 형성(coaltion building)은 정치적인 이해와 상징적인 행동 모두를 필요로 한다. 기획은 교환이 계속적으로 이루어지는 정치적 환경에서 활성화 되어야 한다. 그러나 공공분야 기획의 경우는 정치적인 시스템이 상징적인 가치들을 유지시켜 나간다. 따라서 채택할 가치들의 상징적인 특성을 검토해 볼 필요가 있다.

기획은 지원을 활성화시킬 또 다른 가치와 상징들을 제공한다. 기획의 상징들은 지지자의 상징과 일치해야 할 뿐만 아니라, 반대자들의 상징에 위협을 가해서도 안 되는 것이다. 조화란 패배나 후퇴가 상징적으로 나타나지 않을 때 쉽게 이루어진다. 변화와 수정에 저항하는 기획가들의 능력은 부분적으로 관련된 상징들의 상호 역할을 이해하는데 달려 있다.

그리고 개인이나 단체의 바램과 열정들은 계획의 논리와 그것이 제공하는 상징들에 의해 억제된다. 기획은 일상적인 정치와 무관하나 교환거래가 발생하며, 실익에 맞추기 위해 수정된다(Benveniste, 1990:167~169).

3. 초기 이미지 띄우기

승수효과는 계획이 드러나지 않는 한 발생할 수 없다. 왜냐하면 계획이 드러날 때까지 대부분의 연계망구축은 부분적으로 은밀하게 이루어지기 때문이다. 그러나 아이디어가 표면에 나타나면 활동이 공개적으로 이루어진다. 초기 이미지를 띄우는 것은 다음과 같은 의미가 있다(Benveniste, 1990:170~171).

① 초기 이미지 띄우기는 공개적인 검토과정에서 연합형성의 가능성을 확인하게 한다. 왜냐하면 자신들의 제안들이 이제 공개적으로 토의될 때 많은 지지자들이 나타날 것으로 예상되기 때문이다.

② 초기 이미지 띄우기는 실행의 다음 단계로 향한 행동으로 그 방향을 이끈다. 제안이 발표되어 공개적이 되었다는 사실은 다음 단계가 취해질 수 있다는 것을 의미한다.

③ 초기 이미지가 띄워지면 지지하는 쪽과 반대하는 쪽이 형성되기 시작한다.
④ 초기 이미지를 띄우는 것은 새로운 제안에 대한 합법성을 제공한다. 초기 이미지를 띄우는 것은 계획의 공개적 평가와 토론을 향한 첫 번째 움직임으로 나타난다.
⑤ 초기 이미지 띄우기는 기획에 있어서 학습과정의 일부분이다.
⑥ 초기 이미지를 띄우는 데는 두 가지의 기본적인 접근이 있다. 제도화된 조직에서 공식적으로 행하든가 아니면, 비공식으로 행하는 것이다. 외부의 지지를 얻기 위해서 비공식적으로 행동하는 것이 어떤 상황에서는 더 나을 수 있다.

4. 승수촉발 타이밍

정책세계에는 많은 다른 아이디어들을 지지하는 다양한 연계망이 존재한다. 그러므로 대개 그것이 어떻게 받아 들여 질지를 확인해 볼 수 있는 아이디어를 처음에 띄우는 것이 필요하다. 그러나 기획아이디어가 너무 빨리 띄워진다면, 반대자들이 조직화될 가능성이 있다.

승수를 촉발시키기 위해서는 기술적인 논쟁과 상징적 태도, 지지자들의 가시적인 연합 등이 요구된다. 그리고 승수촉발에 있어 타이밍은 아주 중요한데 특히 이미지를 띄우는 타이밍이 중요하다.

5. 연합의 유지와 육성

연계망구축의 마지막 작업은 계획의 탈선을 피하기 위해 연합을 유지하고 키우는 것이다. 이 일은 협의, 학습, 수용, 반대하는 이해당사자들을 확인 할 수 있는 능력 등을 필요로 한다.

제 3 절 부가적인 측면

1. 비밀주의 대 개방주의

연합을 유지하는 것이 결코 간단한 일은 아니다. 신뢰는 쉽게 잃어버리게 되는 것이고 의심은 갑작스럽게 일어난다. 복잡한 기획환경에서는 행동을 드러내기보다 숨기는 것이 낫다고 판단되기 때문에 비밀주의가 매력이 있다.

만약 너무 많은 이해집단들과 상의를 하고 그 요구를 고려한다면, 기획은 희생물로 전략할 것이고 더 많은 적을 만들어 내어 실제로 역효과를 초래할 것이다. 따라서 비밀주의는 기획에 있어 하나의 전략으로 자리하지만, 숨은 조종에 대한 심각한 장애도 나타난다.

숨은 조종은 매우 효과적으로 작용할 수 있지만 궁극적으로는 증가되는 불만과 불화 및 냉소주의를 낳게 한다. 한번 이미지가 띄워지면, 신뢰할만한 연결을 유지하는 것이 중요한데 왜냐하면 합의정치는 신뢰성에 좌우되기 때문이다.

그러나 개방주의는 비조직화된 대중이 선호하는 경향이 있다. 반면에 힘이 있고 필요한 자원을 가진 사람들은 항상 무슨 일이 일어나고 있는지를 알 수 있다. 효과적인 기획이 되려면, 정치적인 힘을 가진 자들이 기획과정에 과도한 영향을 미치게 해서는 안 된다. 이를 방지하기 위한 바람직한 조치는 효과적인 대화의 기회를 갖는 것이다. 연계망의 구축과 비공식적인 대화는 공식적인 참여과정에서 나타나는 과중한 부담을 수반하지 않고도 참여를 이루어 내는 효과적인 수단이다.

다음으로 공식적인 참여는 합법성의 문제 및 절차상의 문제에 초점을 맞추며 권리와 특권을 가지는 구조를 창출한다. 때에 따라 기획에서는 비밀주의가 받아들여지지 않고 공개청문회와 참여가 강조되는 상황이 있을 것이다. “인간관계에서의 성공은 공정한 교환을 하는데 있지 불쾌한 진실을 표현하는데 있지는 않다”(Benveniste, 1990:182~184).

2. 동기와 제재

동기는 연합의 결속이 어려울 때 중요한 역할을 행한다. 동기와 제재는 반대를 흡수하거나 지지를 유지시키며 계획의 탈선을 막는다. 효과적인 기획은 융통성과 협상능력을 요구한다. 기획가가 갈등을 해결하지 못하는 이유는 동기를 제공하지 못하는 무능력에 기인하는 것이다.

3. 풀뿌리 민주주의 운동

어떤 종류의 민중운동이 문제인가? 승수효과를 갖기 위해서는 잘 알려진 지원자 그룹이 필요하다. 대다수 기획의 실패는 그 계획의 실행에 대한 믿음을 갖기에는 충분히 인상적 이었음에도 불구하고, 초기 연합과정에서 반대자들이나 잠재적인 반대자들의 의견을 수용하지 않았기 때문이다.

사회운동은 견고한 조직의 권위구조내에 존재하고 있다. 기획가들은 이점을 무시해서는 안 된다. 왜냐하면 사회운동은 언젠가는 조직이 수용하게 될 새로운 사고와 수요를 나타낼 수 있기 때문이다. 그 대표적인 예가 비정부조직(NGO)과 비영리조직(NPO)의 활동이며 이들 조직의 역할은 앞으로 더욱 증대될 것이다.

제 14 장 전략적 기획

현대의 최고관리자들은 환경의 변화에 따른 조직의 활동에 대하여 깊은 관심을 갖고 있다. 최고관리자들은 변화에 부수적으로 따르는 위험과 불확실성을 극복하기 위하여 더 나은 정보와 기술, 그리고 절차의 개선에 대한 필요성을 인식하고 있다. 지속적으로 발생하는 사회적, 경제적, 기술적 변화와 영향에 대한 평가는 조직의 생존과 성장을 위하여 필수적이다. 최고관리자들이 부딪히는 문제는 어떻게 미래의 문제와 기회를 예측하며 전략을 마련할 것인가에 관한 것이다.

제 1 절 전략적 기획의 필요성

1. 필요성의 인식

현대의 최고 관리자들은 변화에 대한 개념을 수용해 왔다. 과거에는 변화가 상대적으로 완만했던 점과 달리, 이제는 변화가 사회 전역에 걸쳐 동시적으로 급속하게 전개되고 있다. 오늘날에는 대부분의 기관들이 변화를 예견하고, 조직이 원하는 목적을 위한 "의도된, 고안된 변화" 에 대한 필요성을 인식하고 있다.

장기적 기획이나 전략적 기획과 같은 용어는 미래적 변화의 영향이 평가되어 현재의 결정으로 통합되는 과정으로서의 철학 및 접근방식을 의미한다(King and Cleland, 1978:3). 대부분의 거대 조직들은 장기계획 활동을 하려 하지만, 유용한 접근방법을 개발하지 못하고 있다. 이에 따라 전략적 기획에 대한 관심의 고조는 필연적으로 나타나고 있다.

2. 실행의 어려움

최고관리자들이 전략적 기획의 중요성을 인식하고 있지만 그들은 매우 적은 시간만을 이 문제에 할애하고 있다. 그 결과 기획을 무시하거나 하위 직원들에게 일을 맡기고 자신들은 검토하는 역할만 수행하는 경향이 있다.

따라서 전략적 기획의 필요성은 인식하면서도 일상적인 단기적 문제에 시간을 너무 많이 할애하기 때문에 장기적 문제가 소홀히 취급되는 경향을 들 수 있다. 장기적 문제에 대한 고려가 처음부터 어렵고 불확실함으로 인해, 최고관리자들은 자신들의 제한된 시간과 에너지를 불확실한 미래에 대해 투입해야 하는 것을 단념하게 된다.

하지만, 전략적 기획의 수행을 위한 효율적인 시스템의 개발은 매우 중요한 문제이다. 민간부문에서는 일찍이 전략적 계획을 수립하여 환경과의 관련성과 영향력을 고려하여 집행적 결정에 이르기까지 전략계획을 통해 조직의 과제들을 잘 해결해 오고 있다.

제 2 절 개념과 적용범위

1. 전략적 기획의 개념

전략적 기획이란 의지의 제휴(coalition of the willing)이며 정책을 실행하는 수단이다. 전략적 기획은 비판적 사고나 리더십을 대체하는 것이 아니며 조직전략을 마련하는 것과 같은 의미도 아니다(Mckinney and Lawrence, 1988:201).

Bryson은 전략적 기획은 "조직의 형태와 방향, 과업, 이와 같은 과업을 수행하는 이유 등에 관한 중요한 결정을 이루기 위한 훈련된 노력(disciplined effort)을 뜻한다"고 하였다(Bryson, 1988).

따라서 전략적 기획은 목표분석, 목표의 구체적인 평가, 장기적인 생존능력을 보장하는 미래의 행동경로에 대한 우선순위나 조직의 효과성을 내포하고 있는 것이다(Gargan, 1997:102).

(1) 전략적 기획의 고려요소

민간부문의 차원에서 전략기획이 무엇인지에 대한 논의는 “전략기획이 다루는 중대한 선택상황을 어떻게 발견하는가?”라는 질문에서 출발한다. 이에 대해 King과 Cleland는 전략기획이란 어떤 상황에서도 적용 가능한 것이며 선택상황에 따른 고려 요소를 다음과 같이 제시하고 있다 (King and Cleland, 1978:9~12).

① 조직자체의 효율성

생산부서에서 비용을 절감하는 데 목표를 둔 결정은 능률에 초점이 맞추어져 있는 것으로 전략적인 것과 직접적으로 관련이 없다. 전략기획의 주요 관심은 조직의 효율성과 관련된다.

② 미래 지향성

선택의 결과가 미래에 가서야 감지될 수 있다는 의미에서 어떤 결정도 미래지향적이라고 할 수 있다. 따라서, 신제품, 신기술, 신설비 등에 대한 기획을 행하고, 그러한 것들이 조직의 목표를 달성하는 데 중요하다면, 그것이 바로 전략기획을 행하는 것이다. 그리고 어떤 사람을 고용할 것인가에 관한 일반적인 결정은 전략적인 것이 아니며, 조직의 종합적 목표를 달성하는 데 있어 탁월한 재능을 가지고 있는 수석 경영간부를 채용할 경우에는 전략적인 결정이라고 할 수 있다.

③ 환경적인 힘

전략기획은 외부의 환경적 요소에 의해 영향을 받는 문제를 포함한다. 조직의 미래를 관리하기 위해서 사회적, 경제적, 기술적, 법적, 그리고 정치적 요인 등을 사전에 고려하여야 한다. 조직의 종합적인 목표나 조직의 성격을 심도있게 변화시키는 어떤 것도 전략기획의 영역 내에 있다.

그러한 변화의 예는 설비의 습득 및 처분, 서비스를 제공할 새로운 시장, 신규 배급망, 재계획된 조직구조, 새로운 제품의 조사 및 개발, 이익배당 정책의 수정, 새로운 금융수단, 인수합병, 새로운 조직기술, 경영간부의 승계 등이다.

이와 같이 전략기획의 결정은 궁극적으로 전체 시스템의 구조에 물리적, 조직적, 재정적으로 영향을 주게 된다(King and Cleland, 1978:9).

④ 전략운영

전략운영에 있어 이분법(dichotomy)적인 관점이 필요하다. 즉 '현세대의 산출 및 수단' 대 '제품과 수단에 있어서 미래적 과제와 세대'가 형성된다. 전략기획은 주로 후자를 다루는 반면에, 다른 경영활동 즉, 경영통제나 운영기획은 전자를 다룬다. 이와 같은 이분법은 운영 면에서도 사실상 필요하다.

요약하면, 대부분의 조직에 상존하는 운영과 전략이라는 이분법 구조하에서, 효율적 전략기획을 달성하기 위해서는 전략적 기획시스템의 개발이 필요하다.

⑤ 능률과 효율성

능률과 효율성은 경영활동의 성격 때문에 중요하다. 전략기획임을 인식시키기 위해서는, 전략에 대한 책임이 확실하게 기술되어야 하며, 책임을 잘 수행할 수 있도록 지원할 수 있는 수단이 제공되어야 하며, 측정 가능한 산출이 정의되어야 하며, 정보가 이용 가능해야 하며, 기획 업무를 달성할 수 있도록 스케줄이 마련되어야 한다.

(2) 종합적 기획과의 차이

전략적 기획은 애당초 기업으로부터 출현한 것으로, 통상적으로 논의되고 있는 종합적 기획과 그 성격이 다르다. 전략적 기획은 우리가 어떤 발전단계에 놓여있는가와 같은 폭 넓은 의문을 제기하는 것이다. 어떤 사건이 발생하면 우리는 어떻게 할 것인가? 우리는 이러한 문제에 어떻게 대처할 것인가? 우리의 목표는 무엇인가? 등에 관한 의문에 해결책을 구하고자 하는 것이다. 그러나 전략적 기획은 종합성을 획득할 수 있다고 가정하지도 않으며, 최선의 해결책이 존재하고 있다고 가정하지도 않는다.

2. 전략적 기획의 적용범위

(1) 주된 관심과 이슈관리

전략적 기획의 적용범위는 다양하다. 기업환경에 주된 관심을 둘 수도 있고 핵심적인 기업경영자를 교체하거나 조직개편 또는 생산성에 대한 기술혁신의 영향 등을 포함한 내부적인 인적자원계획에 관심을 둘 수도 있다.

전략적 기획이 태동되었던 초기의 주된 관심은, 중요한 것은 무엇인가? 무엇이 이런 결과를 초래하거나 깨뜨렸는가? 행동을 위한 수단은 무엇인가? 조직이 이러한 문제에 대처하기 위해 사용하는 통합과 조정의 형태는 무엇인가? 어떤 이슈가 가장 중요한가? 등이다.

전략적인 이슈관리(strategic issue management)는 행동을 위한 우선순위의 결정논리를 추구한다. 다양한 기획체제에 따라 기획에 대한 책임은 집권화 되어 있기도 하고 분산되어 있기도 하다. 따라서 분산된 기획활동을 통합하는 총체적인 전략적 노력이 필요하며 장기기획은 운영적 계획을 위한 준거틀을 제공한다.

(2) 전략적인 기획가

대부분 기업계획은 "어떤 일이 발생하면 우리는 어떻게 할 것인가?"에 관심을 두고 있다. 산업의 환경이나 기술의 조건은 스스로 해답을 제공해 주지 않기 때문에 어떻게 하면 이러한 목표에 도달할 수 있는지와 최선의 방법은 무엇인가? 라는 질문을 던지며 전략적 기획의 중요성을 인식한다.

기업의 전략기획을 논의하고 있는 여러 문헌은 최고경영자가 중요한 역할을 수행해야 한다는 점을 강조하고 있다. 그리고 기획 자체는 조정과 통합에 관련되므로, 기획가들은 최고관리팀이 과업을 수행할 수 있도록 촉진자의 역할로서 행동해야 한다는 점을 강조한다.

이러한 관점에 따르면 기획가들은 기획일정을 설계하고 유지하며, 기획회의를 위한 공식적 서류를 준비하여 최고경영자와 최고관리팀에게 요약 보고하고, 정보를 통합하는 협소한 역할의 범위를 넘어서지는 않는다는 것이다.

그러나 Benveniste와 같은 학자는 효과적인 기획이란 기획가가 제한적인 참모기능에만 간주하는 것이 아니라는 점을 강조하고 있다. 따라서 전략적인 행위는 다음과 같은 것이다.

① 조직이 직면한 가장 중요한 문제들을 규명하고 이의 해결방안을 모색한다.
② 목표의 주관적인 의문제기와 조직의 과업과 전략에 영향을 미치는 경쟁하는 가치문제를 다룬다.
③ 조직과 그 과업에 영향을 미치는 외부적인 권력의 중요성을 다룬다.
④ 내외적인 이해관계자들의 관심과 선호를 고려하여 정치적인 실제를 반영한다.
⑤ 다양한 정보를 이용하지만 전통적인 기획보다는 자료의 구체성이 강조되지는 않는다.
⑥ 계선관리자와 선출직 관료의 적극적인 간여에 크게 의존하한다.
⑦ 계획을 수립하는 데 있어 핵심적인 참여자들의 공명정대한 이슈대결을 요구한다.
⑧ 집행전략을 위한 행동지향성과 발전계획의 중요성을 다룬다.
⑨ 바람직한 조직의 미래를 설정하기 위해 현재의 집행적 결정에 초점을 둔다(Gargan, ed), 102~103).

(3) 지방정부에의 적용 가능성

이와 같은 9가지의 전략적 기획행위의 핵심적 내용은 공공분야에서도 적용 가능한 범위의 틀을 포괄하고 있다. 특히 전략적 기획은 지방정부에 적용가능한 도구로 이용되면서 발전되어 왔다. 지방정부 차원의 전략적 기획은 다음과 같은 논리에 의해 그 필요성이 제기된다.

① 전략적 기획으로 경찰, 소방, 공원 및 레크리에이션, 도시의 하부구조, 대인적 서비스 프로그램 등 민간기업보다 광범위한 정책이슈와 서비스들을 다룰 수 있다.
② 지방정부는 법적 권한에 따라 그들이 할 수 있는 일과 할 수 없는

일이 결정되지만, 외부적 위임(external mandates)에 따라 수행해야 할 일에 대한 요구가 증대되고 있다.

③ 지방정부의 문제는 "가정에 가까이(close to home)" 다가가는 것이며, 대부분의 이해관계자는 밀접하게 근접해 있고, 사업수행의 결과는 직접적으로 책임과 관련되어 있다.

④ 지방정부는 지역의 중심기관으로서 민감한 의제들을 다루고 있다.

⑤ 대부분의 지방정부는 권한이 확산되어 있으며, 중요한 결정은 거대 집단이나 이해관계 정당에 의해 다루어진다.

⑥ 지방정부의 관할권은 지방세와 사용자부담에 따른 세입의 크기로 결정되며, 일부 프로그램과 사업들은 지방정부가 통제할 수 없는 상위정부의 재원에 의존한다.

(4) 공공분야에의 적용가능성

전략적 기획과정은 다음과 같이 공공분야에서 조직적이고 관리적인 목적을 위해 이용될 수 있다(Benveniste, 1990:105).

① 중요한 조직적인 문제의 해결
② 일방적인 조직 단위나 프로그램에 대한 통제
③ 정부단위간의 의사전달의 향상
④ 기능적으로 다른 부서와 관련된 문제들에 대한 대응
⑤ 우선순위의 설정
⑥ 팀웍의 형성
⑦ 총체적인 관리능력의 강화
⑧ 의사결정과정의 향상
⑨ 조직성과의 증진

따라서 전략적 기획은 정책, 관리, 운영의 모든 측면뿐만 아니라 목표설정, 효과성, 질, 생산성과 관련한 행정서비스의 공급문제와 관련된다. 그러므로 전략적 기획은 조직구조 및 내부관리체제와 행정과정, 관할구역의 인적자원과 관련된 조직문화의 문제 등을 다루는 것으로 그 적용범위는 매우 넓으며 공공분야에의 적용가능성은 충분하다고 하겠다.

제 3 절 접근방법과 과정

1. 전략적 기획의 접근방법

전략적 기획의 접근방법은 세 가지 유형으로 구분할 수 있다. 즉 분석적 접근방법, 행위자 중심의 개념적 접근방법과 기관중심의 개념적 접근방법 등이다(김정호, 2000:12∼13).

(1) 분석적 접근방법

분석적 접근방법은 문제에 초점을 두어 기준에 따른 평가에 의해 각각의 전략을 구상하는 방법이다. 여기에는 포트폴리오(portfolio) 방법과 문제중심의 포트폴리오 방법이 있다. 전자는 시장성장율, 시장점유율 등을 분석하여 기업체의 전략을 모색하는 방법이며, 후자는 공공조직에 관련된 것으로 우선순위를 결정하기 위하여 문제와 관련된 이해관계자, 과업의 용이성 등을 분석하여 전략을 모색하는 방법이다.

(2) 행위자중심과 기관중심의 접근

① 행위자중심의 방법은 공공문제에 관련된 이해관계자 또는 이해관계자들의 동기부여와 관련된 문화와 상징 등의 분석을 통하여 전략을 수립하는 방법이다. 여기에는 산업분석모형, 이해관계자 분석모형, 해석적 전략모형 등이 있다.

② 기관중심의 방법은 조직의 역량과 입지가 중요한 요인이 될 때 필요한 접근방법이다. 즉 조직이 가지고 있는 독특한 역량이 무엇인가를 평가하고, 이를 활용하기 위한 방법을 찾아 전략을 모색하는 접근방법이다. 여기에는 하바드 정책모형, 문제관리모형, 적응전략모형, 기획체제 모형 등이 있다.

2. 전략적 기획의 접근유형

이상에서 논의된 접근방법들이 수용된 Bryson 과 Roering의 접근유형을 구체적으로 살펴하면 다음과 같다(Bryson and Roering, 1996:479~497).

(1) 하버드 정책모형

하버드 정책모형(Harvard policy model)은 Harvard대학의 경영정책학 과정의 일부로 가르쳐진 것으로 공공분야의 전략적 기획모델로 폭 넓게 채택된 것이다. 하버드 정책모형의 주된 목표는 조직과 조직이 처한 환경과의 관계에 관한 최선의 방안을 모색하는 것이다(Olsen and Eadie, 1982). 이에 따르면 먼저 조직의 내부적인 강점과 약점, 최고관리자의 가치, 사회적인 의무와 외부적인 환경의 위협 및 기회 등을 분석하고 규명한다. 그리고 난 후 조직은 최선의 전략을 수립하고 이를 집행하기 위한 가장 적합한 조직구조, 과정, 관계, 구성원의 행태를 설계하며 집행에 필요한 리더십의 제공에 초점을 맞춘다.

하버드 정책모형의 효과적인 이용은 조직이 처한 상황에 대해 최고관리자 그룹이 이를 이해하고 적절한 대응을 행하는 것이다. 하버드 정책모형은 민간부문의 경우 전략경영단위(strategic business unit) 수준에 가장 잘 적용된 것으로 나타나고 있으며, 공공부문의 경우도 활용 가능한 모델이다.

특히 SWOT로 알려진 강점(strengths), 약점(weaknesses), 기회(opportunities), 위협 (threats)에 대한 분석요소는 공공분야의 경우 조직, 기능, 지역사회 등에 적용 가능한 것으로 나타난다.

SWOT분석의 강점은 전략형성과 집행간의 연계의 필요성을 강조하고 있다는 점이다. 즉 관리가치(management values) 와 사회적 의무의 고려, 조직과 환경간의 체계적인 관심의 고취, 다른 전략기획적 접근방법과의 결합 등이 가능하다는 것이다. 그러나 어떻게 전략적 이슈를 발견하고 개발할 수 있는 지에 대한 구체적인 언급이 없으며 현존하는 많은 이해관계집단에 대한 고려가 없다는 지적을 받고 있다.

(2) 전략기획체제 접근

전략기획체제(strategic planning systems) 접근법은,

① 우리는 어디로 가고 있는 가? (과업)

② 어떻게 그곳에 도달할 것인가? (전략)

③ 행동을 위한 우리의 청사진은 무엇인가? (자원)

④ 우리가 제대로 하고 있다는 것을 어떻게 알 것인가? (통제) 등에 관한 근원적인 의문을 강조하는 것이다.

따라서 전략기획체제의 범위는 매우 넓다. 즉 변화를 위한 대상지역의 종합성, 의사결정과정의 공식적인 합리성, 기획과정에 적용된 방법, 개발된 전략의 집행과 관련한 통제의 정도 등을 다루어야 하기 때문에 매우 포괄적인 체제로서 나타난다.

전략기획체제는 실질적인 종합성, 공식적 합리성으로 특징 지워진다. 그리고 명백한 과업, 분명한 목표와 목적, 상대적으로 성취하기 쉬운 단순한 과업, 집권적인 권한, 분명한 성과지표, 합리적 비용으로 실제적 성과를 가져올 정보 등이 존재하는 조직의 경우에 해당되는 특징을 지니고 있다. 그러나 이와 같은 전략기획체제 접근방법은 과도한 종합성, 처방, 통제 등으로 인해 과업이나 전략 및 조직구조를 간과할 수 있는 단점이 있다.

(3) 이해관계자 관리

Freeman은 이해관계자(stakeholder)를 당해조직의 미래에 영향을 미칠 수 있는 개인이나 집단, 또는 조직으로 규정하였다. 이에 따라 이해관계자 관리란 고객, 피고용자, 공급자, 소유자, 정부, 재정기구, 기타 비판세력 등 다양한 관계자들의 요구를 만족시키려고 하는 것이다. 이와 같은 이해관계자 관리방식은 경제적, 정치적, 사회적 관심을 통합하고 있기 때문에 공공분야에 적절하게 적용할 수 있다.

따라서 기획가는 핵심적인 이해관계자를 규명해 내고 조직의 성과를 판단할 기준을 마련하고, 각 이해관계자를 다룰 전략을 개발해 내야 한다. 이와 같은 방법에 따르면 상호보완적이고 경쟁적인 많은 요구를 파악할

수 있는 장점이 있다. 그러나 경쟁적인 요구에 대한 판단기준이 없다는 점과 상반된 이해관계자들의 이익을 다룰 전략을 개발하기가 용이하지 않다는 문제가 있다. 결국 누가 핵심적 이해관계자이며 이들의 요구에 어떻게 반응할 것인가?가 이해관계자관리의 관건이 된다.

(4) 전략적 이슈관리

전략적 이슈관리(strategic issues management)접근법은 전략적 이슈의 확인과 해결에 초점을 둔 것으로, 향후 조직의 목표와 영향을 중심으로 조직의 내외적인 문제를 다루는 것이다. 이것은 공공부문의 경우 조직, 기능, 지역사회의 문제 등에 적용이 가능하다. 이 접근법은 재빨리 현재의 이슈를 규명해 내고 이에 대해 대응할 수 있다는 장점이 있다. 그러나 어떻게 이슈를 발견해 낼 것인지가 과제이다.

(5) 포트폴리오 모델

포트폴리오 모델(portfolio model) 은 투자의 관행(investment practice)과 유사한 개념에 기초한 것으로 위험부담을 줄이고 수익을 극대화시키기 위해, 사업유형을 구분하여 각 유형에 대해 각기 다른 전략을 마련하여 총체적으로는 균형을 유지해 나가는 것을 뜻한다. 따라서 다양한 기업의 조직을 평가하고 자금의 흐름과 투자수요를 파악하며 개별기업의 성과를 판단하는 작업이 요구된다. 그러므로 전체적인 평가를 통해 경제적, 재정적 측면을 이해할 수 있으므로 거시적인 기획과정의 일부로 활용될 수 있다.

공공부문의 경우에는 경제적, 사회적, 정치적인 비교의 범위가 구체화될 수 있다면 조직, 기능, 지역사회 등의 문제에 적용 가능하다. 그러나 상이한 조직체를 비교할 때에는 어떤 범위로 구분할 것이며, 거시적인 기획과정의 적용도구로서 어떻게 활용할 수 있는 지가 불분명한 단점이 있다.

(6) 경쟁력 분석

경쟁력 분석(competitive analysis)은 Porter에 의해 개발된 것으로 소비자 및 공급자의 상대적인 영향력, 대체재(substitute products) 와 서비스의 위협, 신규참가자의 위협, 경쟁자의 활동, 현존하는 장애 등 기업의 핵심적인 측면을 분석하고, 이를 토대로 전략을 마련하는 것이다. 그러나 무엇이 산업분야와 동일한 기능을 갖고 있는지를 규명해 내는 것이 어려우며, 경제적인 요소가 아닌 경우에 대한 고려가 배제되어 있고, 경쟁이 아닌 제휴에 의해 조직의 성취를 이룰 수도 있다는 측면을 간과하고 있다.

최근 우리나라의 공공서비스 분야에서도 더 많은 생산성과 주민에의 대응성을 높이고 혁신을 장려하며 독점을 억제하기 위해 경쟁의 원리가 적용되고 있음을 주목할 필요가 있다.

(7) 논리적 점증주의

논리적 점증주의(logical incrementalism)는 작은 변화의 중요성을 강조한 것으로, 느슨한 의사결정 그룹과 분권화된 의사결정의 구조를 이루고 있을 때 조직의 목표를 성취하기가 용이하다는 가정을 담고 있다.

이 접근법은 점증적인 의사결정의 틀을 제공할 수 있는 모든 조직의 경우에 적용할 수 있기 때문에 공공부문의 경우 적용이 용이하다. 그러나 느슨하게 연결된 점증적인 의사결정이 조직전체의 목적을 충족시킬 수 있을 것인 지에 대한 보장은 없으며, 정치적인 현실을 강조한 측면이 있다.

(8) 혁신의 틀

혁신의 틀(framework for innovation)의 개념은 전략으로서의 혁신을 강조한 것이다. 지금까지 논의된 전략기획체제는 과도한 종합성과 처방 및 통제에 주된 관심을 가졌기 때문에, 전략기획체제간의 상호균형을 이루기 위한 방법이 요구된다. 이에 따라 프로젝트 팀, 타스크 포스, 새로운 생산과 서비스, 마케팅 그룹, 다양한 조직발전의 기술 등을 혁신전략으로 간주한다.

그리고 분권화되고 기업가적인 조직으로서의 성공의 비젼에 대한 개발을 장려하며 기업가적 문화의 함양을 촉구한다. 그러나 혁신과정의 비용에 관한 문제와 지나친 분권화 된 체제내의 경우 책임성의 상실에 관한 문제가 제기될 수 있다.

이상의 제 접근방법에 관한 논의를 종합적으로 평가해 보면, 전략적 기획의 공공부문에의 적용범위와 접근방법들이 매우 다양하다는 점을 알 수 있다. 어떠한 전략적 기획도 주어진 상황에 따라 사고와 행동에 유용한 지침이 될 수 있고, 다양한 활동가들에 따라 참여의 정도도 여러 행태로 나타나고 있다.

이상에서 논의한 전략기획의 접근유형을 비교해 보면 다음의 <표 14-1>과 같다.

표 14-1 전략적 기획의 접근유형 비교

구분	핵심적 개념	가정	강점	약점	공공분야에의 적용
하버드정책 모델	SWOT분석	SWOT분석으로 최선의 전략을 마련함	조직의 강점, 약점, 기회, 위협을 체계적으로 분석함	어떻게 전략을 개발할 것인가에 대한 언급이 없음	전략적 기획 단위가 마련될 경우
전략기획 체제	조직내의 의사 결정의 수준과 기능	전략형성과 집행이 합리적이고 예견 가능함	전략형성과 집행의 조정이 가능함	과도한 종합성	조직의 경직성이 적은 조직일 경우
이해관계자 관리	핵심적인 이해관계자의 규명	이해관계자의 만족으로 조직의 생존과 번영이 가능함	경쟁하는 많은 요구에 대응함	각기 다른 요구에 대한 판단 기준의 부재	핵심이해관계자들의 합의가 가능할 경우
전략적 이슈관리	전략적 이슈의 확인과 해결	전략적 이슈가 조직목표에 지대한 영향을 미침	신속한 이슈의 규명과 대응에 기여함	이슈설정의 방법 부재	이슈의 관리와 결정과정에 집단의 개입이 가능할 경우

구분	핵심적 개념	가정	강점	약점	공공분야에의 적용
포트폴리오 모델	내용분석적 접근	다양한 사업에 각기 다른 전략을 수립함	핵심적인 경제 및 재정 전략 제공	전략적 범위 설정의 어려움	정치, 경제, 사회적인 비교의 범위가 구체화될 경우
경쟁력 분석	조직체의 핵심적 힘을 분석	지배적인 경쟁이 존재함	전략적 활동을 위한 처방 제공	경제 외적인 요소에 대한 고려 부재	민간부문과 경쟁하는 공공 서비스의 경우
논리적 점증주의	적은 변화와 전략형성과 집행의 융합	분권화된 의사결정 구조	변화에 대응하며 정치적인 실제를 반영함	전체조직의 목표를 충족시키기 어려움	점진적 결정으로 전체조직의 목표를 충족시킬 경우
혁신의 틀	전략으로서의 쇄신	변화의 불가피성	기업가적 쇄신의 반영	혁신과정에의 비용 문제	실패에 대한 수용의 의지가 있을 경우

자료 : John M. Bryson and William D. Roering(1996), pp.481~486의 내용을 필자가 요약 정리한 것임.

3. 전략적 기획과정

(1) Bryson의 모형

공공부문의 전략적 기획과정을 가장 잘 설명하고 있는 것으로는 Bryson의 모형이 있다. Bryson의 10단계 과정은 다음과 같다(Bryson, 1995).

① 합 의

의사결정자들이 전략기획 시도나 기획과정에 대하여 합의를 도출하는 과정이다. 이에 따라 기획과 관련된 조직내·외의 영향력 있는 자들에 대한 확인과 지지를 획득할 수 있다. 따라서 최초의 합의가 전략적 기획과정의 출발점이 된다.

② 해야 할 일에 대한 확인

조직이 해야 할 일은 시대와 상황에 따라 달라진다는 인식을 가져야 한다. 조직이 반드시 해야 할 일은 관련법규에 명시된 공식적인 경우이지만 비공식적인 일들도 공공부문의 경우 충분히 많이 있다.

③ 조직의 과업과 가치의 규명

조직내부로부터 주어진 과업과 가치가 무엇인지를 규명하는 과정이다. 즉 조직이 추구하는 목표를 확인하는 것이다. 앞에서 설명한 단계인 조직이 해야 할 일은 외부로부터 주어진 것인 반면에, 조직의 과업과 가치는 조직이 하고자 하는 것이다.

④ 조직이 처한 환경분석

조직이 처한 외부환경에 대하여 기회와 위협의 요소로 나누어 평가한다. 정치적, 경제적, 사회적, 기술적인 영향력 등의 분석, 그리고 주요자원 집단, 외부환경 등을 분석한다. 또한 조직 내부의 여건을 강점과 약점의 차원에서 평가한다. 즉 자원, 현재의 전략, 성과 등과 관련된 내부환경을 분석하는 과정이 필요하다.

⑤ 쟁점의 확인

쟁점의 확인은 조직이 직면한 정책의 선택을 확인하는 과정으로서 조직이 무엇이며, 무엇을 해야 하며, 왜 하는지 등을 밝히는 것이다.

⑥ 전략형성의 단계

확인된 쟁점을 해결하기 위한 방안 즉, 전략을 수립하는 과정이다. 전략은 수준별, 기능별, 시간구조에 따라 다양하게 제시될 수 있다. 실제적 대안 또는 비젼이 무엇이며, 대안을 실현하는데 장애요소가 무엇이며, 장애요소를 극복하기 위해 추구해야 될 대안은 무엇이며, 실행하기 위한 조직과 인적구성은 어떠해야 하는가? 등을 모색하는 단계이다.

⑦ 전략적 계획의 검토와 채택

전략적 쟁점을 해결하기 위한 여러 전략들을 비교·분석함으로 그 중에서 가장 합리적인 전략을 채택하는 과정이다. 전략의 합리화, 공식화 단계라고 할 수 있다.

⑧ 효과적인 비전의 제시

조직의 성공비전을 마련하여 이를 조직구성원과 다른 주요 이해관계자들에게 확산시키며, 크고 작은 조직의 결정과 행동에 영향을 미치도록 하는 단계이다. 따라서 효과적인 비전의 제시는 조직의 주요업무, 기본

전략, 성과평가기준, 의사결정기준, 윤리기준 등을 포함하고 있다.

⑨ 효과적인 집행과정의 개발

전략적계획의 수립은 집행을 전제로 한다. 따라서 효과적인 행동계획과 집행과정을 개발함으로 계획의 실천성을 높이도록 한다.

⑩ 기획과정의 재평가

집행된 전략과 전략적 기획과정의 평가는 차기의 전략계획의 수립을 위해서도 필요하다. 재평가의 과정은 계속되는 집행과정의 일부로서 나타나며 집행된 전략의 수정을 위해 지속적인 재평가가 필요하다.

(2) Poister와 Streib의 모형

Poister와 Streib는 다음과 같이 전략적 기획의 과정을 설명하고 있다(Gargan, (ed), 1997:108~110).

① 과정에의 관심

전략적 기획은 도전적인 활동이다. 이것은 핵심적인 의사결정자와 여론지도자의 강한 지지가 없으면 성공하기 어렵다. 따라서 전체과정에서 이들의 관심과 개입이 필요하다.

② 과업의 진술

과업의 진술(mission statement)은 조직의 전체목표와 구체적인 목적이 제시되어야 함을 뜻한다. 목표와 목적의 설정은 전략적 기획을 지원하기 위해 필요하다.

③ 내외적인 환경의 분석

내외적인 환경에 대한 주사(extenal and internal scans)는 어떤 특징적인 경향을 규명하는 데에 이용된다. 예를 들어 인구통계학적인 변화, 노동력의 특징, 학생 수 등은 미래예측에 있어 매우 중요한 자료이며 이와 같은 것은 기회와 야기될 문제들에 대한 의미있는 탐사를 가능하게 한다. 내부적인 주사(internal scan)와 분석은 조직의 강점과 약점을 찾게 해준다.

④ 전략적 이슈의 확인

전략적 이슈(strategic issues)는 내외적인 분석을 통해 나타난다. 전략적 기획이란 어떠한 전략을 추구하든지 간에 얻은 자와 잃는 자가 존재하는 중요한 정치적인 과정이다.

⑤ 전략적 선택

이슈에 대한 대응으로서의 대안적인 방법을 선택하는 것이다.

⑥ 가능성 평가

가능성 평가(feasibility assessment)는 최종적으로 실천가능성을 확인하는데 기여한다. 이 과정에서 전략적 선택도 재평가를 받아야 한다. 이와 같은 단계에서는 정치적, 재정적, 기술적, 법적인 제 측면들을 다루어야 한다.

⑦ 전략 확정

선호된 행동노선이 선택된 것을 뜻한다.

⑧ 집 행

진행 일정의 설정, 자원의 규명, 책임의 부여 등이 이루어지는 단계로, 이와 같은 과업은 일반적으로 조직의 현존하는 관리체제를 통해 수행되어져야 한다.

⑨ 모니터링과 평가

규칙적인 모니터링과 평가(monitoring and evaluation)는 전략적기획 과정을 환경적인 변화에 대응할 수 있도록 연결시켜 준다. 이와 같은 연계(linkage)가 실패할 경우 조직은 잘못된 방향으로 나가게 되므로 모니터링과 평가는 중요하다.

이상에서 살펴본 바와 같이 Bryson이나 Poister와 Streib 등의 전략적 기획과정에 관한 기술은 큰 차이가 없으며 그 중심요소는 핵심적 활동가, 전략적 사고와 활동의 과정, 활동을 위한 우선순위의 결정으로 요약된다.

4. 전략적 기획의 성공요인과 한계

(1) 전략적 기획의 성공요인

전략적 기획이 성공을 거두기 위해서는 다음과 같은 성공의 조건이 뒷받침되어야 한다(김신복, 1999:184).

① 지도자의 혁신적 리더십이 있어야 한다.

② 기획업무를 담당하고 있는 자들은 전략기획에 대한 이해를 바탕으로 지식의 습득과 훈련이 되어 있어야 하며, 성공에 대한 확신, 전략적 사고와 행동 등이 뒤따라야 한다.

③ 상향적 기획과정을 잘 활용해야 한다. 전략적 기획 자체는 참여가 중요시 되며 이때 참여의 형식은 상향적이 되어야 한다.

④ 조직 내·외의 환경과 여건을 충분히 고려하여 이에 적합한 접근방법과 과정을 모색해야 한다.

⑤ 전략적 기획은 많은 노력과 자원이 필요하다. 따라서 전략적 기획의 추진을 뒷받침할 지원체제가 확충되어 있지 않으면 전략적 기획은 성공하기 어렵다.

그러나 전략적 기획과정을 거쳤다고 해서 최선의 전략적 계획이 만들어지는 것은 아니다. 참여자와 의사결정자가 전략적으로 사고하지 않으면 공식적인 절차의 진행은 무의미해 질 수 있다. 따라서 의사결정자들이 전략적 기획을 올바르게 이해하고 있어야 한다. 전략적 기획은 개념과 절차로 이루어진 도구이다. 그러므로 전략적 기획의 성공은 특정한 이슈와 조직상황에 맞게 선택되고 활용되어야 한다.

(2) 전략적 기획의 실패의 징후

King은 민간부문을 예로 들어 전략적 기획의 실패의 징후를 다음과 같이 제시하고 있다(King and Cleland, 1978:5). 다음과 같은 징후들이 공공분야의 조직 내에서 존재한다면, 미래에 의미 있는 영향을 끼치기가 어렵게 된다.

① 경영자들이 해당분야의 폭 넓은 영역에 대한 고려와는 관계없이 처

음에 가졌던 관점에서 자신의 영역을 바라보는 경향.

② 조직의 복합적 목표를 제대로 인식하지 않는 터널 시각현상(tunnel vision)의 존재.

③ 장기적 쇄신을 기하기 보다 현재의 운영에 있어 효율성과 통제력을 유지하기 위해 설계된 관료적인 조직구조.

④ 새로운 생산이나 서비스의 개발을 위한 경영적 참여 및 혁신을 이룰 수 있는 특별히 설계된 조직이나 과정의 결여.

⑤ 최고 관리자를 대신하여 전문 기획참모가 기획을 해야 한다는 가정.

⑥ 단기적 결과로서의 산출 지향적 성과가 장기적인 기회지향적인 성과보다 더 보상을 받게 되는 인센티브 체제의 존재.

⑦ 관리자들의 동기나 행동에 따른 영향에 대한 적절한 고려 없이 근본적으로 새로운 기획시스템을 조직내에 도입하는 것.

(3) 전략적 기획의 한계와 대응

가. 전략적 기획의 한계

① 전략적 기획은 미래예측에 기반을 두고 이루어진다. 이에 따라 미래에 대한 예측의 불확실성이 존재하므로 사전에 특정의 상황을 가정하고 계획을 수립한다는 것이 무의미 할 수 있다.

② 전략적 기획을 수립하기 위해서는 조직관리자들이나 기획가들이 일상의 업무로부터 떨어져서 상황을 분석해야 하는데, 이 경우 계획과 실천이 유기적으로 연계되기 어렵다.

③ 전략적 기획이 조직 내에서 공식화되지 않으면 그 실익을 찾기 어렵다.

④ 공공부문의 특수성으로 인해 민간부문에서 도입된 관리기법의 활용은 쉽지 않다. 민간부문은 비교적 명확하고도 한정된 목표수립 및 사업 우선순위 선정의 편리성 등이 존재한다. 그러나 이익·압력단체 등의 영향이 상대적으로 거센 공공부문의 조직체에서는 쉽게 얻어질 수 있는 결과들은 아니다. 더군다나 다양한 사회 구성원들의 이익을 대중의 공익차원에서 조정·관리해야 하는 정부 및 공공부문이 과연 그들의 업무수행 결과들을 민간부문과 같이 측정·

평가하는 것은 결코 쉬운 작업이 아니다. 때문에 이와 관련된 평가영역과 평가지표의 개발, 그리고 이들에 대한 공정성 확보 등이 공공부문의 생산성 개선문제와 조화를 이룰 수 있도록 많은 연구가 필요하다(이환범, 2002:37).

나. 대응방안

① 최고관리자(지방정부의 경우는 지방자치단체의 장)가 전략계획의 수립을 적극적이고 일관성 있게 지원해야 한다. 선출직의 경우는 최고관리자가 바뀔 경우 더 이상 전략계획을 지원하지 않을 경우가 생길 수 있다.

② 법적제약요인을 고려해야 하며 이에 따른 한계가 있을 경우 전략계획의 수립이 가능하도록 제도적인 개선을 기하도록 한다.

③ 전략계획 자체의 투명성이 보장되도록 해야 한다.

④ 정부부분의 성과에 대한 평가에 신중을 기해야 한다. 이를 위해 성과측정의 타당한 기준을 개발하는 것이 필요하다. 공공부문의 성격상 측정될 수 없는 기능인 경우 평가의 객관성 유지가 필요하다.

(4) 시사점

어떤 조직도 환경의 변화를 잘 극복하고 미래를 관리해 나갈 필요가 있다. 애당초 민간부문에서 도입된 전략적 기획은 목표분석과 구체적인 평가, 장기적인 생존능력을 보장시켜 나가는 행동경로에 대해 우선순위를 다루고 조직의 효과성을 높이고자 하는 노력이다. 이와 같은 전략적 기획의 논리를 공공분야에 적용시켜 그 활용의 가능성을 모색해야 한다.

일찍이 King과 Cleland는 조직의 종합적 목적에 직접적으로 관련되고, 미래지향적이며, 조직의 성과에 영향을 미치는 환경적인 힘과 관련될 때 전략적 기획은 어떤 상황에서도 적용 가능하다고 하였다. 따라서 공공분야에서의 전략적 기획의 활용 가능성은 충분히 존재한다.

향후 정부부문에서도 인사, 예산, 조직 등의 경직성을 극복하고 전략의 효과성을 측정할 수 있는 성과지표를 마련한다면 전략적 기획과 관리는 가능할 것으로 판단된다(정덕주, 2000: 433~434).

제 4 부

기획의 실제

제 15 장 기획기구와 기능

기획관련 기구는 각국의 정치 및 경제체제에 따라 다르게 나타나며 우리나라의 경우는 정권의 교체에 따라 그 변화의 정도가 심하다. 대체적으로 기획기구의 기능은 예산기능, 통계·조사·연구기능, 지역계획 및 부문별 기획기능, 운영계획 및 세부계획의 수립, 평가 및 통제기능 등으로 나타난다.

이 장에서는 우리나라의 중앙정부와 지방자치단체의 기획조직과 기능을 살펴보기로 한다.

제 1 절 중앙기획관련 기구와 기능

1. 기획재정부

1998년 정부조직법의 개정으로 재정경제원이 재정경제부로 개칭되면서 재정경제부 소관이던 예산업무가 대통령 직속의 기획예산위원회와 재정경제부 산하의 예산청으로 분리되었다. 그 뒤 1999년 5월 정부조직법의 개정으로 기획예산처가 신설되면서 예산청은 기획예산처의 예산실로 축소 개편되었다가, 2008년 2월 정부조직법 개정에 따라 재정경제부와 통합, 기획재정부로 개편되었다.

기획재정부의 주요조직으로는 기획조정실, 예산실, 경제정책국, 장기전략국, 재정관리국 등이 있으며 기능과 업무는 다음과 같다.

(1) 기획조정실

① 주요업무계획지침 수립·종합 및 조정
② 기획예산처의 예산편성 및 집행의 조정
③ 주요사업의 진도파악 및 그 결과의 심사평가
④ 기획예산정보화계획의 수립·시행
⑤ 기획예산정보화시스템의 자료관리
⑥ 국가와 지방자치단체간의 재원배분에 관한 사항
⑦ 재정의 건정성 회복·유지에 관한 제도·시책의 운영과 조정
⑧ 중장기 재정제도의 연구·발전에 관한 사항

(2) 예산실

① 세입·세출예산의 편성과 관련되는 업무
② 차관수입 및 세외수입에 관한 사항
③ 예비비의 관리
④ 예산과목의 조정
⑤ 예산편성 지침의 작성·시달
⑥ 예산운용의 효율화를 위한 집행관리지침의 작성 및 관리
⑦ 예산편성에 필요한 기준 및 단가의 책정
⑧ 예산자문회의의 운영과 각계의견의 수렴

(3) 경제정책국

① 민생경제정책
② 경제분석
③ 재정기획
④ 자금시장
⑤ 물가정책
⑥ 인력정책

(4) 장기전략국

① 전략기획
② 경쟁력전략
③ 신성장전략

(5) 재정관리국

① 성과관리
② 타당성심사
③ 민간투자정책

2. 미래기획위원회

우리나라에서는 대통령 직속으로 미래기획위원회를 두어 중장기 국가발전목표의 설정, 정책연구 및 평가 등에 관하여 자문에 응하도록 하고 있다. 미래기획위원회는 이전의 21세기위원회, 정책기획위원회의 기조와 기능을 이어받은 것으로 이명박 정부시절 미래기획위원회로 명칭이 변경되었다.

미래기획위원회는 국가 중장기 정책 수립에 관한 대통령 자문기구 역할을 맡고 있으며 국가혁신(정치행정 통일외교), 발전전략(경제1 경제2), 사회통합(사회여성 교육문화), 미래과제(과학환경, 복지, 노동) 등 4개 분과를 두고, 국가 경쟁력강화 방안을 논의하는 기관으로 자리하고 있다. 주요 업무를 살펴보면 국가의 중장기 비전과 전략의 제시, 현안 정책과제에 대한 연구 및 대안 제시, 정책평가활동, 정책여론의 수렴 등이다.

위원회 규정에 따르면 국정과제의 종합관리·조정 및 국정과제회의 운영, 국가경쟁력 등 국가 주요정책에 관한 의견 수렴 및 반영, 국가 중장기 발전전략 및 정책방향의 수립, 대통령이 요구하는 국가 주요정책의 연구 및 평가, 정부출연 연구기관과의 정책교류 및 협력, 그밖에 위원장이 필요하다고 인정하는 사항에 대해 대통령 자문에 응하도록 하고 있다.

3. 각 부처의 기획조정실

우리나라 중앙정부의 행정각부는 2012년말 현재 15부 2처가있다. 이들 기관들은 기획업무와 관련하여 제 각기 기획조정실을 두고 있다. 각 부처가 수행하는 행정기능에 따라 약간의 차이가 있으나 대체적으로 다음과 같은 기능들을 수행한다.

① 각종 정책 및 중·장기계획의 개발과 종합 조정
② 대외적인 정책회의에 관한 사항
③ 주요사업 등 업무추진 실적의 심사평가
④ 세부시행계획 및 정책평가 업무
⑤ 예산업무 총괄

4. 중앙정부 출연 연구기관

대부분의 국가에서는 정부의 정책결정을 비롯하여 정부운영에 관한 전문적 자문을 받기 위하여 정부가 출연한 국책연구기관을 설치하고 있다. 이것을 정부 출연연구기관이라고 한다. 이들 연구기관들은 개별의 기능에 관한 전문적 계획을 수립한다. 우리나라에서는 1999년 1월에 「정부출연연구기관 등의 설립·운영 및 육성에 관한 법률」을 제정·시행하여 모든 연구기관을 국무총리 산하로 일원화하여 관리하게 되었다. 이 개혁에 따르면 2001년 현재 42개 연구기관을 5개 연구회로 구분하고 각 연구회에 이 사회를 두도록 하였다. 5개 연구회는 경제사회연구회, 인문사회연구회, 기초기술연구회, 산업기술연구회, 공공기술연구회 등을 말한다(박우순, 2002: 267~268).

경제사회연구회에는 한국개발연구원, 한국조세연구원, 대외경제정책연구원, 산업연구원, 에너지경제연구원, 정보통신정책연구원, 한국보건사회연구원, 한국노동연구원, 한국해양수산개발원, 교통개발연구원, 한국환경정책평가연구원, 한국농촌경제연구원, 국토연구원, 과학기술정책연구원 등 14개 기관을 두고 있다.

인문사회연구회에는 통일연구원, 한국형사정책연구원, 한국행정연구원, 한국교육과정평가원, 한국직업능력개발원, 한국법제연구원, 한국여

성개발원, 한국청소년개발원, 한국교육개발원 등 9개 기관이 있다.

기초기술연구회에는 한국과학기술연구원, 한국기초과학지원연구원, 한국천문연구원, 한국생명공학연구원 등 4개 기관이 있다.

산업기술연구회에는 한국한의학연구원, 한국생산기술연구원, 한국전자통신연구원, 한국식품개발연구원, 한국기계연구원, 한국전기연구원, 한국화학연구원 등 7개 기관이 소속되어 있다.

공공기술연구회에는 한국항공우주연구원, 한국해양연구원, 한국에너지기술연구원, 한국지질자원연구원, 한국표준과학연구원, 한국과학기술정보연구원 등 8개 기관을 두고 있다.

제 2 절 지방기획관련 기구와 기능

1. 정책기획실 또는 기획관실

모든 지방자치단체는 기획관실, 기획감사실, 정책기획실 등 다양한 명칭으로 기구를 설치하고 시정의 기본계획, 업무계획, 주요업무시행계획을 수립하고 있다. 참고로 부산광역시의 기획업무를 사례로 분장사무를 살펴보면 다음과 같다.

(1) 정책기획담당관실

① 시정의 종합기획·조정
② 중장기 개발계획의 조정
③ 시정개발에 관한 시책연구
④ 시정주요업무계획 및 시행계획수립, 주요업무보고서 작성
⑤ 주요사업 확인평가, 심사분석
⑥ 지시사항(대통령·국무총리·시장)처리 총괄, 대통령 공약사항 관리
⑦ 시·사업소의 행정기구 및 정원 관리, 자치구의 행정기구 및 정원의 조정승인

⑧ 사무분장, 사무의 이양, 위임·위탁 및 전결규정의 조정
⑨ 사무관리의 개선
⑩ 시의회 관련업무의 총괄조정 및 자치구 의회 운영 협조
⑪ 시정조정위원회, 치안행정협의회, 행정협의회운영
⑫ 그 밖에 다른 담당관에 속하지 아니한 사항

(2) 예산담당관실

① 예산의 편성 총괄
② 예산집행의 감독
③ 예산배정계획수립 및 배정
④ 예비비 운영
⑤ 지방교부세 관리
⑥ 국고보조금 및 지방양여금 관리
⑦ 전시 예산편성 및 종합조정
⑧ 기타 예산운영에 관한사항
⑨ 시의회 관련업무의 총괄조정

(3) 투자예산담당관실

① 중기 지방재정계획의 수립·조정
② 투자사업 심사 및 우선순위 결정
③ 차관, 외채관리총괄의 조정 및 통제
④ 경영사업 발굴 및 민자유치
⑤ 주요공사 건설계획 사전검토 및 조정
⑥ 주요건설공사 설계검토 및 조정
⑦ 주요사업 시공평가 및 각종 기술용역 심사
⑧ 공기업화 추진 및 공기업 운영 관리, 경영평가, 지도감독
⑨ 기채, 채무부담 관리, 자치구의 기채승인
⑩ 비영리법인의 설립, 허가 취소 및 지도와 감독

2. 지방자치단체출연 연구기관

지방자치단체도 중앙정부와 마찬가지로 정부운영에 관한 전문적 연구기관으로 지방자치단체가 출연한 다음과 같은 연구기관을 두고 있다. 즉, 서울시정개발연구원, 부산발전연구원, 대구경북개발연구원, 인천발전연구원, 광주·전남발전연구원, 대전발전연구원, 울산발전연구원, 경기개발연구원, 강원발전연구원, 충북개발연구원, 충남발전연구원, 전북경제사회연구원, 경남발전연구원, 제주발전연구원 등이다.

이와 같은 연구기관들은 개별 지방자치단체의 각 기능별 용역의 수행 및 종합계획을 수립하는 기관으로 자리하고 있다.

3. 지방기획기구와 기능상의 문제점

지방기획기구와 기능상의 문제점을 살펴보면 다음과 같다.

① 분장사무를 보면, 기획기능으로 간주하기 힘든 기능들의 단순집합에 불과한 사무가 많고, 계획기능 보다는 규제적·통제적 기능에 초점을 둔 사무가 많다.

② 연구개발부서가 없고, 지방자치단체 출연의 연구기관에 용역을 의뢰하는 관행이 존재하고 있다. 따라서 관료권내부적으로는 장기적 관점이나 독자적 필요성에 의한 중장기 개발계획 수립능력이 부족하다.

③ 투자심사기능의 전문성이 부족하며 현재의 심사 업무는 취합 정도에 그치는 경우가 허다하다.

④ 평가관련기능의 측면에서는 예방감사 또는 계속감사 차원에서의 사전평가와 과정평가가 필요한데 현실의 평가는 주로 사후평가에 의존하고 있으며, 경영평가가 되지 않고 단순한 목표 대비 실적평가에 그치고 있고, 평가결과는 진단 후 정책에 피드백(feedback) 되어야 하나 단지 자료요구 수준에 그치는 경우가 많다.

⑤ 기획기능의 성질별 단위사무의 구성을 보면, 자치사무의 비율이 높게 나타나지만, 주요업무 시행계획의 절차나 실적을 보면 중앙정부에의 의존도나 구속성이 높게 나타나고 있다.

제 16 장
국토계획

우리나라의 국토 및 지역계획체제는 전국계획, 특정지역계획, 도계획, 군계획 등 4가지로 구분된다(국토건설종합계획법). 이 중에서 국토종합개발계획은 전국계획에 해당되며, 다른 하위 공간계획의 지침이 되는 최상위의 계획이다. 따라서 국토종합개발계획은 국토 이용 및 관리의 기본적 방향을 결정한다는 점에서 매우 중요한 의의를 지닌다. 이하에서는 1972년부터 시행되어온 국토종합개발계획의 주요 내용과 그 공과를 살펴보고자 한다(도시정보, 통권 200호: 3~5).

제 1 절 제1차 국토종합개발계획

1. 계획의 개요

1962년에 제1차 경제개발 5개년계획의 추진으로 경제성장의 기반을 마련한 정부는 그동안의 경제성장을 촉진하고 성장과정에서 나타난 국토공간상의 문제점을 해소하기 위하여 국토전반에 대한 체계적이고 종합적인 계획의 필요성을 느끼게 되었다. 이에 따라 「국토계획기본구상」이 발표되었으나, 이 구상이 집행된 것은 제1차 국토종합개발계획(1972~1981)에 의해서 였다.

요컨대, 국토계획은 「경제개발 5개년계획」의 내용을 구체화시키는 동시에, 산업화에 따른 도시의 무질서한 팽창, 인구의 집중, 용수, 교통, 주택, 학교 등 공공시설의 부족에서 오는 도시문제 등을 해결하기 위한 수단이었다.

2. 목표와 전략

제1차 국토계획의 기본 목표는 도시지역과 농촌지역이 유기적인 연관을 맺으면서 균형 있게 발전하는 지역균형발전 이었으며, 그 구체적인 목표는 첫째, 능률적, 자주적, 경제발전을 위한 국토이용관리의 효율화, 둘째, 교통시설, 공업기지, 수자원, 전력 등의 산업기반의 확충 정비, 셋째, 국내자원의 적극적인 개발과 환경의 보존, 넷째, 도시문제의 개선과 국민 생활환경의 개선 등이었다.

이를 달성하기 위하여 추진된 사업내용은 대규모 공업단지의 우선 배치와 교통, 통신, 수자원 및 에너지 공급망 등의 정비, 그리고 낙후지역과 농어촌지역 개발을 위한 사회간접자본의 확충 등으로 물리적 하부구조 확충에 중점을 두었다.

한편, 제1차 국토계획에서는 지역불균형 해소를 위하여 권역개발을 채택하였다. 서울-부산축과 대전-목포간에 교통수단, 제조업, 인구 등이 과도집중 되는 것을 시정하기 위하여 권역별로 산업과 사회간접자본 등을 재배치 한 것이다. 이에 따라, 수계에 따라 한강, 금강, 영산강, 낙동강 등 4대권으로 나누고, 다시 기능지역 분류에 따라 수도권, 태백권, 충청권, 전주권, 대구권, 부산권, 광주권, 제주권 등 8중권으로 세분화 하였다.

3. 계획추진의 문제점

제1차 국토종합개발계획에 있어서의 지역균형개발이라는 목표는 또 다른 개발방식인 성장거점전략을 동시에 채택함으로써, 동남해안 중화학공업벨트에 대규모 공업단지를 건설하는 공업입지계획을 마련함으로서 경부축이 새로운 지역불균등 축을 형성한 계기가 되었다.

제 2 절 제2차 국토종합개발계획

1. 목표와 전략

제1차 국토계획의 성장거점전략으로 인하여 국토이용의 양극화 문제가 발생하였고, 주로 생산부문에 치중함에 따라 주택, 상하수도 등의 생활환경시설에 대한 투자가 상대적으로 부진하였다. 이에 따라, 제2차 국토계획(1982-1991)은 그 목표를 인구의 지방정착 유도, 개발기회의 전국적 확대, 국민복지수준의 제고, 자연환경의 보전 등으로 설정하였다.

이 가운데에서, 지역균형발전을 달성하기 위한 기본 방향은 서울과 부산의 성장을 억제하는 한편, 대규모 공업단지 대신에 적정규모의 공업단지 등을 지방으로 분산 배치함으로써, 국토의 다핵구조를 형성하고 지역생활권을 조성하는 것이었다.

제2차 국토계획에서 채택된 개발방식은 지역생활권 개념과 분산된 성장거점개념 이었다. 먼저 지역생활권 개념은 중심도시와 주변의 배후농촌지역을 결합시킨 일정 범위의 지역단위로서, 지역내의 생산, 생활, 자연환경의 종합적 개발과 주민편의를 동시에 달성할 수 있도록 하는 것이다.

제2차 국토계획은 5개의 대도시생활권(서울, 부산, 대전, 광주, 대구), 17개의 지방도시생활권(춘천, 원주, 강릉, 청주, 충주, 제천, 천안, 전주, 정주, 남원, 순천, 목포, 안동, 포항, 영주, 진주, 제주), 6개의 농촌도시생활권(영월, 서산, 홍성, 강진, 점촌, 거창) 등 28개의 권역으로 구분하면서, 각각의 생활권에는 중심도시를 두었다. 이후 경제 사회적 변화에 의거하여 수정된 제2차 국토계획안(1987년)에서는 수도권에 대응하는 지역경제권 개념을 사용하여, 중부권, 동남권, 서남권 등으로 구분하였다.

한편, 분산된 성장거점도시 육성전략은 서울과 부산 편향적인 입지를 억제하는 방법으로, 대항적인 성장거점도시들을 육성하는 것이다. 이때, 성장거점도시들은 성장잠재력이 큰 대도시로서 서울과 부산을 대신하는 제1차 성장거점도시가 선정(대전, 광주, 대구)되었으며, 지역생활권

내에는 제2차 성장거점도시로서 12개의 지방중심도시가 선정되었다. 제2차 국토계획은 이러한 지역생활권 개념과 성장거점전략의 결합을 통하여 경제발전과 주민 편익의 증대를 노렸다는 점에서 계획의 전략면에서는 진일보한 측면이 있었다.

2. 계획추진의 문제점

제2차 국토계획의 완료 후에도 여전히 경부축 으로의 편중은 개선되지 않았다. 그 이유는 우선 성장거점이론의 파급효과에 대한 경험적 검증 없이 계획을 추진하였다는 점이다. 결과적으로 성장거점 육성을 통한 접근성의 증대는 파급효과보다 역류효과를 더 크게 유발시켰다.

다음으로 추진 계획에서 지역균형발전이라는 목표와 상충되는 계획이 포함되어 있어서 계획의 실효성을 저하시켰다. 그리고 실제 투자의 효율성을 높이기 위해서 여전히 대도시를 중심으로 투자 계획이 수립되었다.

예컨대, 동남해안공업지역의 기반시설 및 공업용지 확대 계획이 여전히 포함되어 있었다. 또한 지방도시 육성계획에는 대구-구미, 광주-목포, 전주-이리-군산, 대전-청주, 원주-충주, 동해-삼척 등의 공업지대를 형성하기 위한 군소공업용지 개발계획이 있었는데, 이는 제2차 성장거점도시 선정과는 무관한 계획이었다.

제 3 절 제3차 국토종합개발계획

1. 목표와 전략

제3차 국토종합개발계획의 목표(1992~2001)는 첫째, 수도권의 과밀을 방지하고 지역특성에 맞는 발전을 촉진하기 위한 지방분산형 국토골격의 형성, 둘째, 산업의 첨단화와 접근성 확보를 위한 생산적, 자원 절약적 국토이용체계의 구축, 셋째, 국민복지의 향상과 국토환경의 보전, 넷째, 남북통일에 대비한 국토기반의 조성 등이다.

이러한 목표달성을 위하여, 여타의 사회간접자본의 구비와 함께, 각 지역별로 특정 중추기능과 산업을 육성하면서 첨단산업을 발전시키는 것을 내용으로 하고 있었다. 그리고 남북통일에 대비하기 위하여 현재 단절된 교통망의 연결, 접경지역의 활용, 공동 관광사업 등을 통한 납북 교류 공간의 조성 및 관리 등을 추진하고자 하였다.

제3차 국토계획에서 채택된 방식은 다핵개발과 대도시를 중심으로 한 지역경제권의 설정이었다. 다핵개발이란, 국토의 핵을 여러 곳에 분산시키고 이들 핵을 중심으로 개발을 유도하는 것으로, 부산은 국제무역·금융, 광주는 첨단산업·예술·문화, 대구는 첨단기술·패션, 대전은 행정·과학연구·첨단산업 등으로 특화시키고, 전주, 제주, 청주, 춘천 등도 각각의 중추기능을 강화시키는 것이었다.

한편, 대도시와 주변영향권은 대도시권으로 설정하여 광역적인 개발 방식을 도입하였고, 농어촌도시는 공업·여가기능이 보완된 다기능적 농어촌으로 전환하는 것을 목적으로 하였다.

이러한 개발과 함께, 산업구조의 고도화를 위해서 ①수도권의 이전공장을 수용할 수 있도록 아산, 군산, 대전 등의「중서부 신산업지대」를 형성하고, ②동남해안의 개발효과를 수용할 수 있도록 광주, 대불, 광양 등의「서남부 신산업지대」를 형성하고자 하였다. 그리고 첨단기술 산업단지와 기술혁신 센터를 광주, 대전, 부산, 대구, 청주 등에 조성하도록 하였다.

2. 계획추진의 문제점

제3차 국토계획은 1993년 김영삼 정부의 신경제계획에 맞추어 새로 수정작업이 있었으나, 계획의 유효성에 대한 확신이 없어 그 작업결과가 반영되지 않은 상태에서 그대로 유지되었다.

제 4 절 제4차 국토종합계획

지금까지의 국토종합개발계획이 제4차 계획에서 "국토종합계획"이라는 용어로 바뀌었다. 본 계획의 구체적인 내용은 다음과 같다(건설교통부, 1999:3~18).

1. 여건변화와 대응과제

(1) 동북아의 교류중심

WTO체제하의 무한경쟁시대가 전개되면서 국가 간 교역이 증가하고 제조업과 서비스업의 동반성장이 예상되고, 국제경제의 블록화에 따른 동북아 국가 간에 협력의 필요성이 증대되고 있다. 특히 21세기는 중국의 성장이 전망되고 있는 바 중국이 전 세계 GDP에서 차지하는 비율이 1994년 2%에서 2025년 10%로 상승할 것으로 전망되고 있다. 이에 따라 동북아 중심에 자리잡은 지리적 이점을 최대한 살려 동북아의 교류중심지로 도약하기 위한 국가경영 전략이 필요하다.

(2) 지방분권중심의 개발전략

중앙집권적, 관료적 사회에서 권한과 책임의 하부이양에 따른 분권적, 자율적 사회로의 전환이 빠른 속도로 진전되고 있다. 최근 민간 및 외국자본을 동원한 지역개발사업의 확대 및 지역이기주의의 심화와 지역경영마인드 고조 현상이 나타나고 있다. 따라서 지역개발과정에서 지방자치단체와 중앙정부, 지방자치단체 상호간의 갈등을 합리적으로 해소하는 노력과 전략이 요구된다. 그리고 지역의 개발욕구를 효율적으로 조정하기 위한 정부간의 협력체계 및 주민참여의 활성화가 필요하다.

(3) 지식정보화 기반의 확충

앞으로 전자, 생명공학 등 첨단산업과 지식정보산업이 21세기 경제발전을 주도할 것이다. 2010년에 지식기반산업은 생산의 48.6%, 수출의 54.1%, 고용의 48.4%를 분담할 것으로 전망되는 바, 미래성장산업을 담을 수 있는 국토여건조성의 필요성이 증대되고 있다. 이에 따라 시간적 격차와 공간적 거리가 극복될 수 있도록 새로운 국토기간시설 확충의 필요성이 제기되고 있다.

(4) 안정성장기에 대응한 국토정비

우리나라의 경제성장률은 과거 년 7~8% 수준에서 3~5% 수준으로 안정될 것으로 전망되며, 인구성장률은 지속적으로 감소되어 2000년대 중반 인구증가 정체기에 돌입함에 따라 증가할 노령인구를 위한 도시 기반시설 및 주거여건 제공이 필요하다. 그리고 도시화율은 1997년 86%에서 2020년 92%선을 유지, 도시의 교외화 현상이 지속되어 도시공간의 광역화가 확대될 것으로 전망하였다.

2. 국토문제의 인식

제4차 국토종합계획은 그간에 시행되어 온 국토개발에 대한 다음과 같은 반성을 토대로 수립된 것이다.

(1) 지역간 불균형의 심화

경제성장과정에서 경부축에 인구와 산업이 집중됨으로서 교통혼잡, 과밀, 환경오염 등 사회비용이 국가발전에 막대한 부담으로 작용하였고, 국가안보의 측면에서도 그 부담이 가중되고 있다.

즉, 경부축의 인구비중은 1960년 43.8%에서 1995년 73.3%로, 제조업체수 비중은 1960년 56%에서 1995년 80%로 증가하였으며, 경부축에서 벗어난 지역은 경제적 낙후와 투자부진으로 인구유출이 지속적으로 발생하였다. 예를 들어 호남지역의 인구비중은 1960년 23.8%에서 1995년 11.7%로, 강원지역의 인구비중은 1960년 6.5%에서 1995년 3.3%로 낮아진 것이다.

특히 수도권으로 인구와 산업이 집중하여 교통, 환경, 토지가격 상승 및 주택부족 등의 과밀문제가 발생하였는데 전국면적의 11.8%에 해당하는 수도권에 전국인구의 45.3%, 제조업체수의 55.1%가 집중하고 있으며, 행정기관, 공공투자기관 등 공공기관의 90%, 100대기업 본사의 95%가 수도권에 집중되고 있다.

(2) 삶의 질 저하

무질서한 개발관행으로 자연과 경관이 훼손되고 해변, 강변, 준농림지역에 음식점, 숙박시설, 아파트 등이 난립하고 있다. 1994년부터 1998년 사이에 2,500여개 숙박업소, 17,000여개 음식점이 준농림지역에 난립하였다. 그리고 주요 하천의 수질악화 등 환경오염이 심화되어 4대강 중하류는 생화학적 산소요구량(BOD)을 놓고 볼 때 상수원수 최하급인 3, 4 등급으로 나타났다.

(3) 인프라의 부족

도로, 철도, 항만, 공항, 물류시설 등 기반시설미비 및 교통수단 간의 연계가 부족하다. 1980년대 이후 수송수요의 급증에도 불구하고 교통부문의 GDP 대비 투자비율은 1.5~1.7%로 일정수준을 유지할 뿐 도로, 철도간 연계를 통한 복합일관수송이 미흡하여 수송효율이 저하되고 있다. 또한 국토의 동서간 연결 인프라가 부족한 바, 남북축에 비해 동서축의 교통망이 상대적으로 취약하고, 전체 물동량의 70%가 경부축에 집중되고 있다. 그리고 공항, 항만 등 국제교류에 필요한 교통시설의 부족현상은 국제경쟁력 강화에 장애요인으로 작용하고 있다.

(4) 안전관리의 결여

부실공사 문제가 지속되고 있고, 기존 시설물에 대한 안전관리가 미흡하여 사고가능성이 상존하고 있고, 자연재해 등 각종 재해에 대한 방재시스템이 결여되어 있으며 공항, 도로, 철도, 항만 등 교통시설의 안전기반이 취약하고 위험물 운송차량에 의한 피해도 급증하고 있다.

3. 계획의 목표 및 추진전략

① 새로운 국토골격으로서 개방형 통합국토축을 형성하도록 한다.
② 더불어 잘사는 균형국토를 만들고 지역별 경쟁력의 고도화를 기한다.
③ 자연과 어우러진 녹색국토를 조성하여 건강하고 쾌적한 국토환경을 조성한다.
④ 인프라와 세계화 기반이 구축된 열린 국토를 지향하고, 지식정보화 사회에 걸맞는 국토기반을 조성한다. 이를 위해 고속교통, 정보망을 구축한다.
⑤ 민족이 화합하는 통일국토를 지향하여 남북한 교류협력기반을 조성한다.

4. 계획의 특징

국토환경의 적극적인 보전을 중시하면서 국가, 지방자치단체, 주민이 함께 참여하는 동참계획의 개념이 도입되었다. 즉, 계획수립 과정을 중요시하여 계획수립에서부터 민·연·관이 동참하여 미래국토를 함께 설계하는 참여계획의 성격을 강조하고, 종래의 중앙정부 주도의 하향적(top down)방식에서 탈피하여 지방자치단체 및 각계각층의 의견을 수렴하여 계획에 적극 반영하는 상향적(bottom-up)방식을 채택하고, 국토에 대한 보다 장기적인 구상을 위하여 2000~2020년을 계획기간으로 하는 장기계획으로 수립하였다.

장기계획으로 수립된 이유는 고속도로망, 국제허브공항, 거점항만 등 국토기간시설의 완성시기가 대체로 2020년경이고, 도시개발, SOC, 문화·관광, 산업입지의 결실이 이루어지는데 20년 전후가 소요되기 때문이다.

제5절 제4차 국토종합계획 수정계획

노무현 정부는 제4차 국토종합계획을 대폭적으로 수정하였다. 이하에서는 수정계획의 수립배경, 법적근거와 성격, 계획의 기조와 목표, 6대

추진전략의 주요내용 등을 살펴보기로 한다(이원섭, 2006 : 3~15).

1. 수정계획의 수립 배경

제4차 국토종합계획의 수정계획 수립 배경은 다음과 같다.

① 행정중심복합도시 건설 등 국가중추기능의 지방분산과 지역혁신체계 구축에 따라 예상되는 국토공간구조의 변화를 국토계획에 반영할 필요가 제기되었다.

② 주 40시간 근무제의 시행, 초고속 정보화 사회의 진전, 고속철도의 개통 등으로 국민의 일상생활에 큰 변화가 초래되고 있으므로, 이와 연계하여 국민의 삶의 질을 높일 수 있는 방안을 마련할 필요가 있다.

③ 주요 국토개발사업의 추진과 관련하여 심화되고 있는 지역간 갈등과 사회적 분절화 현상에 대응하여 지역간, 계층간 통합과 상생발전을 이룩할 수 있는 방안을 제시할 필요가 있다.

④ 세계화에 대응한 미래지향적이고 개방적인 국토기반을 구축해야 할 필요성이 있다. 즉 중국의 급속한 경제성장, 국가간 자유무역협정(FTA)의 확산, 도하개발아젠다(DDA)협상, 경제공동체 확대 등 급변하는 국제경제환경에 대응하는 국토차원의 전략이 필요하다.

⑤ 남북한 교류협력을 심화시키고 장기적인 국토통일을 염두에 둔 국토구상을 마련할 필요가 있다.

2. 계획 수립의 법적 근거와 성격

국토기본법은 국토종합계획 성과에 대한 평가결과와 사회적·경제적 여건변화를 고려하여 5년마다 국토종합계획을 전반적으로 재검토하고 필요한 경우 이를 정비할 수 있도록 규정하고 있다. 이에 따라 수정계획의 시간적 범위는 2006~2020년으로 설정하고, 공간적 범위는 대한민국의 국토 전역을 대상으로 하되, 필요시 한반도 및 동북아로 확대된다.

수정계획은 원계획을 대체하고 향후 수립될 도종합계획, 시·군종합계획의 기본이 되며, 부문별계획과 지역계획은 국토종합계획과 조화를 이루어야 한다.

3. 계획의 기조와 목표

(1) 계획의 기조

① 국가의 도약과 지역의 혁신을 유도하는 약동적 국토를 실현하는 것이다. 즉 저비용 고효율의 국토를 조성하여 대외적으로는 세계 일류국가로 도약할 수 있는 기반을 구축하고, 대내적으로는 지역별로 특색 있는 전략산업의 육성과 혁신주도형 지역발전기반을 조성하여 자립형 지방화를 촉진하는 것이다.

② 지역 간 균형발전과 남북이 상생하는 통합국토를 실현하는 것이다. 이는 지방분산 및 분권을 통하여 지역균형발전을 도모하고 선택과 집중을 병행하는 국토발전체계를 구축하여 국토이용의 효율성을 증대하는 한편, 남북한 및 동북아 국가와의 상생적 협력을 선도하는 초국경적 국토경영 기반을 구축하고자 하는 것이다.

(2) 계획의 목표

① 상생하는 균형국토이다. 이를 위해 다핵분산형 국토구조를 형성하고 수도권과 비수도권, 권역간, 도·농간의 연계와 협력을 통한 상생적 발전체제를 구축한다.

② 경쟁력 있는 개방국토이다. 동북아의 물류, 금융 교류중심지로 도약하기 위해 국토의 개방거점을 확충하고 상생적 국제협력을 선도하는 기반을 조성하면서, 지역혁신체계를 구축 및 혁신클러스터를 육성하여 혁신주도형 국토발전을 기반을 확립한다.

③ 살기 좋은 복지국토이다. 도시 및 농촌의 정주환경을 개선하여 쾌적한 삶을 누리는 국토를 조성하며, 취약계층 및 사회적 약자의 삶의 질을 배려하여 주거복지를 증진하고 도시환경 및 교통시설을 개선한다.

④ 지속가능한 녹색국토이다. 국토의 지속가능성을 고려하여 환경친화적 개발을 강화하고 재난관리체재를 구축하여 안전한 국토를

조성한다.

⑤ 번영하는 통일국토이다. 한반도의 평화와 공존을 위한 접경지역의 평화벨트 조성과 남북한 경제협력과 국토통합을 촉진할 수 있도록 한반도 통합인프라 구축과 국내외 지원체제를 확립한다.

4. 6대 추진전략의 주요 내용

(1) 자립형 지역발전 기반의 구축

자립형 지역경제권 형성을 위해서는 광역권 개발, 혁신도시 및 기업도시 건설, 고속철도 역세권 등의 개발을 추진하는 한편, 경제자유구역, 국제자유도시 등 개방형 경제교류 거점을 육성한다.

지방의 대도시는 권역의 중추도시로 육성하며 중·소도시는 전문기능도시로 발전하도록 한다. 농·산·어촌과 낙후지역은 친환경, 고품질 농업 육성, 농림어업 클러스터 형성, 관광마을 조성, 기초생활여건 개선 등을 통해 새로운 활력을 부여한다.

지역산업의 경쟁력을 제고하기 위해 권역별로 전략산업을 육성하고 지역혁신체계를 기반으로 고부가가치의 혁신클러스터를 형성한다. 특히 기존산업단지와 연구단지를 단순집적지에서 혁신클러스터로 전환하기 위해 다양한 형태의 산·학·관 연계를 강화하고 이에 대한 지원시설을 확충하며, 다국적 기업 및 연구센터를 유치한다.

문화관광 자원의 개발 잠재력이 우수한 지역에 대해서는 지역별 특수성에 따라 차별화된 문화관광시설을 개발하여 지역경쟁력 강화에 기여하도록 한다. 이를 위해 남해안, 서해안, 동해안 및 접경지역의 광역관광벨트와 백제문화지역, 유교문화지역, 지리산 등 광역 관광권을 문화관광특정지역으로 개발한다.

(2) 세계화와 통일에 대비

세계화 시대의 경쟁력 있는 개방국토를 형성하기 위해 경제자유구역, 국제자유도시 등 경제협력 거점을 육성한다. 인천 경제자유구역은 동북아 비즈니스, 부산·진해 경제자유구역은 해양물류, 광양만권 경제자유구역은 국제물류 및 생산거점으로 특화 육성하며, 자유무역지역은 지방의 수출산업 거점 및 국제적인 물류중심기지로, 국제자유도시는 대외개방의 전략 거점으로 육성한다.

그리고 동북아의 경제협력과 통합을 위해 한반도종단철도와 대륙철도망 연결, 아시안 하이웨이와 한반도 고속도로망의 연계, 서해안 고속도로와 북한 및 중국의 서해안지역을 연결하는 환황해 고속도로망의 개발협력을 추진한다.

에너지 분야에서는 동북아 천연가스 공급망 및 통합전력망 추진과 연계하여 한반도 에너지망을 구축하며, 극동러시아의 천연가스 개발을 위해 러시아, 중국, 일본, 남북한 등의 협력을 추진한다.

동북아 지역경제 통합에 대비하여 지역간 비교우위에 입각하여 경쟁력이 높은 산업을 중심으로 지역산업구조를 재편하고 한·중·일 3국간 역할분담 및 협력을 강화한다.

남북간의 공동번영을 위해서는 접경지역을 평화벨트로 조성하고 북한지역에 대해서는 북한경제특구의 개발을 위해 남북협력을 전개한다. 그리고 남북간의 철도, 도로, 공항, 항만이 연계된 한반도 통합 물류망을 구축한다. 그리고 남북간 자원의 공동개발을 위한 협력을 강화한다.

(3) 네트워크형 인프라 구축

네트워크형 인프라 구축은 교통망 확충과 물류체계 구축, 그리고 국토정보화로 구성된다. 먼저 교통부문은 개방 및 다핵연계형 국토구조 형성을 뒷받침하는 통합교통망을 구축하여 전국 반일 생활권을 이룩하는 것을 목표로 한다.

도로는 남북 7개축, 동서 9개축의 격자형 국토간선도로망을 구축하여 국토의 균형발전을 촉진한다.

철도는 고속철도망의 경우 경부고속철도 제2단계사업을 완공하고, 호남고속철도를 건설하여 장기적으로 고속철도망이 TCR, TSR과 연결되어 한반도가 아시아·유럽 대륙의 관문역할을 수행하도록 한다.

공항부문에서는 인천공항을 동북아 허브공항으로 단계별 확장을 추진하며, 김포공항은 수도권의 산업·경제발전을 지원하는 서비스 수준이 높은 거점공항으로 운영하고, 김해공항은 동남권의 중·단거리 국제선 수요를 처리한다. 또한 장기적으로 국토의 동남권 지역에 신공항 건설의 필요성을 검토한다.

항만부문에서는 부산신항과 광양항을 컨테이너 중추항만으로 개발하는 한편, 권역별 거점항만을 육성한다.

(4) 정주환경의 개선

아름답고 인간적인 정주환경의 조성을 위해 도시환경의 개선과 국민 주거 복지의 향상을 기한다.

도시개발은 선계획 후개발 원칙에 따라 도시용지를 적시에 적가(適價), 적지(適地), 적량(適量)으로 공급할 수 있도록 도시계획·도시개발체제를 운용한다.

그리고 주택개량, 생활환경 정비, 환경친화적 주거지 정비 등 주거에 관련된 생활환경을 정비한다.

(5) 지속가능한 국토 및 자원 관리

지속가능한 국토 및 자원관리는 환경보전과 수자원 관리, 방재국토 조성으로 구성된다. 환경부문에서는 건강하고 쾌적한 녹색국토를 실현하기 위해 다섯 가지 과제를 제시하고 있다.

① 친환경적 국토관리체계를 구축하는 것이다.

② 주요 산맥과 강, 연안지역을 연결하는 국토생태망의 구축과 연결성 강화이다.

③ 자원이용의 효율성 제고를 위해 국토공간을 집중형 구조에서 분산형 구조로 개편한다.

④ 삶의 질 향상을 위한 쾌적한 생활환경을 조성하는 것이다. 이를 위해 대기오염 관리와 함께 대기질 개선을 추진한다.

⑤ 국토환경관리를 위한 국제협력을 강화하는 것이다. 지구온난화에 대응하여 온실가스 배출을 저감하는 국토개발을 유도하고, 국토자원에 대한 기후변화의 영향조사와 대응방안을 모색한다. 특히 황사,

황해오염, 산성비 문제 등 동북아 환경오염 방지와 생태복원을 위한 협력을 강화한다.

(6) 분권형 국토계획 및 집행체계의 구축

분권형 국토계획 및 집행체계의 구축은 국토종합계획의 집행력을 제고하기 위한 것이다. 국토개발의 효율적인 관리를 위해 중앙정부와 지방자치단체의 역할분담체계를 정립하고 권한 및 재정의 지방이양 확대를 통하여 지방분권을 강화한다.

또한 국토관리와 관련한 계획, 인사, 재정 등 자치적 고권(高權)의 확립을 통해 지방자치단체의 자율성을 확대한다. 그리고 국토의 계획 및 이용 과정에서 지역주민과 시민단체의 참여를 보장하는 제도적 기반을 구축하며, 각종 계획수립과 사업집행에 있어서 중앙부처간 상호 연계를 강화한다.

그리고 국가와 지방자치단체간 협약제도를 활용하여 계획의 실천력과 효과성을 제고하며, 광역적 행정수요에 대응하여 지방자치단체간의 협력을 통한 공동사업을 활성화한다. 또한 국토계획의 집행을 위한 국가균형발전특별회계 등 재원을 확충하고 운영체계를 개선한다. 아울러 국토개발사업에 대한 민자유치의 활성화, 외국자본의 참여확대 등 국내외 민간자본의 활용을 확대한다.

제 6 절 국토계획의 평가

지금까지 우리나라에서 시행되어 왔던 국토계획에 대하여 비판적인 관점에서 개괄적인 평가를 해보면 다음과 같다.

(1) 제1차 국토계획

1972년부터 1981년까지 시행된 제1차 국토계획은 대규모 공업기반의 구축과 교통통신, 수자원 및 에너지 공급망의 정비 등을 이루었고 성장거점개발 방식을 통해 부산지역개발을 위한 지역기능의 강화를 성취하였다. 그러나 경부축을 중심으로 한 양극화를 초래하였다.

(2) 제2차 국토계획

1982년부터 1991년까지 시행된 제2차 국토계획은 국토의 다핵구조 형성과 지역생활권을 조성하고, 성장거점도시의 육성을 통해 서울과 부산의 성장을 억제하고자 하였다. 그러나 그 결과는, 서울의 경우에는 성장 억제의 효과가 나타나지 않았던 반면에, 부산의 경우는 제2차 국토계획의 기조에 의해 도시발전에 커다란 제약을 받았다.

(3) 제3차 국토계획

1992년부터 2001년까지 시행된 제3차 국토계획은 지방육성과 수도권 집중억제, 신산업지대의 조성과 산업구조의 고도화, 종합적 고속교류망 구축 등을 개발전략으로 내세웠으나, 세계화와 개방화 및 지방화에 대응하지 못하였고, WTO(World Trade Organization)출범에 따른 환경적 변화를 수용하지 못하였다.

(4) 제4차 국토계획

2000년부터 2020년까지 계획된 제4차 국토계획은 개방형 통합국토축의 형성, 지역별 경쟁력 고도화, 건강하고 쾌적한 국토환경 조성, 고속교통·정보망 구축, 남북한 교류협력기반 조성 등을 추진전략으로 내세우고 있으나 계획기간 중 제4차 국토계획 수정계획으로 인해 평가할 집행적 내용을 찾아보기 어렵다.

(5) 제4차 국토계획 수정계획

노무현 정부의 국가경영 패러다임(paradigm)의 변화로 획기적인 수정이 이루어졌으나 수정계획에서 나타난 핵심적인 몇 가지 문제점을 지적하면 다음과 같다.

① 행정중심복합도시는 "신행정수도건설특별법"이 위헌 판결이 난 이후, "신행정수도 후속대책을 위한 연기·공주지역 행정중심복합도시 건설을 위한 특별법"에 따라 국가의 균형발전과 국가경쟁력의 강화에 이바지하고자 추진되는 국가적 사업이다. 그러나 수도권의 외연적 확산으로 인한 비대해지는 수도권과 비수도권의 불균형 우려가 충분히 제기 된다.

② 혁신도시는 수도권 소재 공공기관의 지방이전으로 혁신주도형 경제의 지역거점을 형성하여 수도권과 지방간의 불균형을 해소하고 지역의 특색 있는 발전을 촉진하는 목적으로 추진되는 사업이다. 그러나 광역자치단체의 행정구역내에서의 지역간 불균형 문제가 제기될 우려를 낳고 있어 향후 이에 대한 대책이 요구되고 있다.

③ 기업도시는 도시개발을 민간이 참여할 수 있게 함으로서 민간의 창의와 자본을 활용하려는 목적으로 시행되는 사업이다. 그러나 시행자인 참여기업에 많은 특혜가 주어지는데 반해, 공익성내지 공공성이 담보될 수 있는 제도적인 장치가 미흡하다.

④ 우리나라 국토관련법에서는 환경계획과 국토계획간의 조정과 통합을 위한 제도적인 장치가 마련되어 있지 않다. 지속가능한 국토관리가 가능하기 위해서는 양 계획간의 연계성이 강화되어야 하며 이럴 경우, 먼저 환경계획이 이루어지고 나서 국토계획이 마련될 필요가 있다. 따라서 환경계획이 고려되지 않은 제4차 국토계획 수정계획은 지속가능한 개발개념을 뒷받침하지 못하고 있는 것으로 평가된다.

제 17 장
국가균형발전계획

국가균형발전계획은 노무현 정부의 출범과 더불어 국가균형발전특별법을 법적기반으로 중앙부처의 부문별 계획과 지방자치단체의 지역혁신발전계획을 종합하여 수립하는 계획이다. 국가균형발전5개년계획의 그 구체적인 내용을 살펴보면 다음과 같다(국가균형발전위원회, 2004a: 329~351, 2004b: 1~47).

제 1 절 계획의 수립배경과 과정

1. 수립배경

국가균형발전5개년계획의 수립 배경은 다음과 같다.

(1) 성장정책의 한계와 새로운 성장동력의 창출이 요구되고 있다. 1960년대 이후 우리나라는 괄목할 만한 경제성장을 이루었지만 성장전략의 한계가 나타났다. 이에 따라 새로운 성장동력을 창출하기 위해 요소투입형 성장에서 혁신주도형 성장전략의 전환이 요구되고 있다.

(2) 그 동안 지역간 격차의 구조적 원인 해소에 미흡하여 인구 및 경제력의 수도권 집중현상이 지속되어 왔으며, 중앙정부 주도의 획일적인 정책 추진으로 지방의 창의와 자율을 이끌어내는 데 실패하였다.

2. 수립과정

노무현 정부는 2003년 8월 '국가균형발전5개년계획의 수립지침'을 마련한 후 12월에 국가균형발전특별법의 제정으로 법적 근거를 마련하였고, 동법 제4조의 규정에 따라 제1차 국가균형발전 5개년계획안을 수립하였다.

계획의 수립과정에서 산·학·연·NGO 및 20개 중앙행정기관·16개 광역지방자치단체 관계자 등 광범위한 참여가 이루어졌으며 2004년 8월 국무회의를 통과함으로써 최종 확정되었다.

제 2 절 계획의 목표와 성격

1. 계획의 목표

계획의 목표는 지역혁신체계(regional innovation system)에 기반한 역동적 지역발전으로 자립형 지방화를 달성하는 것이다.

2. 성격

(1) 지역의 역량과 선택에 기초하여 지방이 주도적으로 계획을 수립하는 상향식 계획이다.
(2) 중앙정부와 지역간 파트너십과 상호연계를 중시하는 협력적 계획이며 협치(governance)를 중시하는 계획이다.
(3) 신국토구상의 기본방향과 추진과제를 실현하기 위한 실천적 계획이다.
(4) 국가균형발전과 관련된 기존계획을 상호 연계하는 종합적이며 유도적성격의 계획이다.
(5) 계획수립과정에 행정기관, 학계, 연구기관, 언론계, NGO 등이 참여하여 정책수요를 반영한 참여적이며 수요자 중심의 계획이다.
(6) 지속가능한 발전을 위한 개발과 보전이 동시에 고려되는 계획이다.
(7) 수도권의 경쟁력 증진과 지방의 상호발전을 도모하는 상생적 계획이다.

이와 같은 국가균형발전계획은 과거 중앙정부 주도의 경제개발5개년계획과는 근본적인 차이가 있으며 그 내용은 다음의 <표 17-1>과 같다.

표 17-1 국가균형발전계획과 경제개발계획의 비교

구분	국가균형발전5개년계획	경제개발5개년계획
여 건	• 지역간 격차의 심화 • 요소투입의존 경제구조 • 저기술-저혁신 함정 • 지역혁신자원의 부족	• 빈곤의 악순환 • 농업중심 경제구조 • 저성장 함정 • 물적 자원의 부족
목 적	• 자립형 지방화 기반 구축	• 경제개발 기반 구축
계획의 성 격	• 법정계획 • 지역정부 주도 • 상호학습 및 혁신의지 배양 • 지역혁신체계 구축을 통한 지역의 자생력 강화	• 행정계획 • 중앙정부 주도 • 성장의지 배양 • SOC 등 물리적 인프라 확충

자료 : 국가균형발전위원회, 2004a. p.325.

제 3 절 추진체계와 재원조달 방안

1. 추진체계의 특징

국가균형발전 5개년 계획을 집행하기 위한 추진체계는 다음과 같은 특징을 갖는다.

(1) 중앙정부와 지방정부간의 새로운 관계를 설정하여 지방정부 주도로 지역발전계획을 수립하고 지역혁신협의회의 심의를 거쳐 경쟁원리에 따라 지원사업을 결정하되, 중앙정부는 국가차원의 조정역할을 수행하도록 한다.

(2) 지역의 투자우선순위를 바탕으로 지역사업을 뒷받침 하도록 국가균형발전특별회계를 운용하고 지방자치단체의 보조금 및 양여금사업을 편입하여 시행한다. 그리고 지방채발행의 총액한도제 및 사후평가방안의 도입 등으로 지방재정운용의 자율성 및 책임성을 강화한다. 그리고 지역사업의 안정적 재원확보와 성과중심의 운용을 위하여 지역발전투자협약제도를 활성화 하도록 하며, 정부는 투자협약을 체결한 사업에 대해서는 연도별 국고지원액 예산편성시 우선적

으로 이를 반영한다.

(3) 국가계획과 지역계획과의 연계성을 강화한다. SOC, 과학기술, 산업 등 분야별 국가계획과 지역개발계획과의 연계성 강화로 지역개발사업의 종합성과 효율성을 도모하도록 한다.

2. 재원조달 방안

(1) 부문별 계획에 포함된 국비사업은 국가재정운용계획의 투자계획에 반영하여 지원함으로써 국비지원과 국가재원운용계획과의 연계를 강화한다.

(2) 국가균형발전특별회계 규모는 낙후지역 지원과 지역혁신역량 강화를 위해 지속적으로 확대하되, 회계규모는 중앙정부와 지방정부간의 기능조정과 연계하여 운용한다.

(3) 지역개발세, 레저세 등 지역특성에 맞는 세원개발로 지방재정력을 강화하고 지방의 가용재원을 확대하도록 한다.

(4) 민간자본 유치방안의 다각화를 모색한다. 즉 사업의 특성에 따라 국고보조, 융자, 민자유치, 자체부담, 외자유치 등 재원조달방안을 다양화한다.

제 4 절 부문별 계획의 역할분담과 추진과제

1. 역할분담

부문별 계획은 중앙부처가 수립하는 계획으로, 주관부처인 국가균형발전위원회 및 산업자원부와 중앙정부의 각 부처가 역할을 분담하여 추진과제를 설정하였다. 중앙정부의 각 부처는 해당 부문의 시책을 수립하여 주관부처에 제출하고, 주관부처는 이를 종합·조정하여 부문별 계획을 수립하였다. 부문별 계획은 균형발전을 위한 각종 사업을 모두 포함하는 종합계획의 성격을 갖고 있다.

2. 추진전략

부문별 계획의 핵심추진전략은 혁신주도형 발전기반의 구축, 낙후지역의 자립기반 조성, 수도권의 질적 발전 도모, 네트워크형 국토 조성 등이며, 주요 추진과제를 살펴보면 다음과 같다.

(1) 혁신주도형 발전기반을 구축하기 위해 지역혁신협의회를 구성하고 지역혁신 역량증대, 산·학·연 네트워크 활성화, 지역혁신 클러스터의 육성을 추진한다. 지역혁신역량 강화를 위한 주요과제로서 지방대학 혁신역량 강화사업(NURI)추진, 지방대학 구조조정 추진, 정부의 연구개발(R&D)예산의 지방지원비율 확대, e-Science 비전하에 국가과학기술 종합정보시스템 구축, 기술혁신 거점단지의 네트워킹 및 효율성 강화사업, 지역혁신박람회의 정기적인 개최 등을 추진한다. 그리고 산·학·연 네트워킹 활성화를 위해, 산학협력 중심대학 육성, 산·학·연 협력 성공사례 확산, 대학의 산학협력단 운영 활성화, 대학·기업·연구소간의 긴밀한 의사소통과 지식교류를 제공하는 혁신방(Inno-Cafe)조성 등을 추진한다.

(2) 낙후지역의 자립기반을 조성하기 위해 낙후지역 개발, 농산어촌형 지역혁신체계 구축, 지역경제 활성화를 추진한다. 그리고 지방자치단체의 재정여건, 낙후도 등에 따라 차등적인 재정지원을 하는 한편, 종합적이고 체계적인 낙후지역발전 프로그램을 개발하여 운영한다.

농산어촌형 지역혁신체계를 구축하기 위해 지방농업 혁신클러스터 육성, 1차산업의 혁신과 2·3차산업의 융합, 주민평생학습 프로그램을 실시한다.

그리고 지역특화발전특구제도를 통해 규제를 완화하고 지역마다 차별화된 향토자원의 개발 및 활용, 특성화된 지역문화 육성, 그리고 시·도별 4개의 지역전략산업의 육성을 추진한다.

(3) 수도권 집중의 폐해를 완화하고 지방의 자립기반을 마련하기 위해 경제·사회적 파급효과가 큰 공공기관의 지방이전과 연계하여 권역별 특성을 감안한 혁신도시(city of innovation)를 전국에 거점별로 개발하고, 수도권 기업의 지방이전을 추진한다.

그리고 경제, 사회, 환경 등 여건변화에 부응하여 단편적·획일적인 수도권 관리방식에서 계획적 관리방식으로 전환하며 지방에 대한 역류효과(backwash effect)가 적은 분야의 경우 규제를 개선시켜나간다. 그리고 수도권의 경쟁력을 강화하도록 한다. 즉 서울은 고부가가치 서비스산업의 국제경쟁력을 강화하여 동북아 금융 허브, 국제비즈니스의 중심도시로 육성하고, 인천은 수도권 배후의 항만과 국제공항을 거점으로 동북아 교통물류 중심지 및 경제자유구역을 중심으로 육성하도록 한다. 경기도는 글로벌 경쟁력을 갖춘 지식기반산업의 클러스터를 육성하고, 접경지역은 남북협력의 전진기지로 개발한다.

(4) 국토순환교통망 완성을 통한 네트워크형 국토건설로 국토의 발전잠재력을 극대화하고, 대외개방으로 주변국과의 교류를 증진시킬 수 있도록 한다.

이상에서 논의된 부문별 계획의 주요내용을 요약하면<표 17-2>와 같다.

표 17-2 부문별 계획의 주요 내용

혁신주도형 발전기반 구축	• 지역혁신체계(RIS)구축 • 지역혁신역량 증대 • 산·학·연 네트워킹 강화 • 지역별 혁신클러스터 육성
낙후지역 자립기반 조성	• 낙후지역 개발 • 농산어촌형 RIS 구축 • 지역경제 활성화
수도권 질적 발전 도모	• 수도권 기능의 지방분산 • 수도권의 계획적 관리 • 수도권 경쟁력 증진
네트워크형 국토구조 형성	• Δ 자형 국토순환망 구축 • 동서횡축 국가간선도로망 완성 • 대외개방거점 확보·확충

자료 : 국가균형발전위원회, 2004a. p.340.

제 5 절 지역별 계획

1. 지역별 계획의 성격

국가균형발전특별법 제6조 “시·도지사는 해당 시·도의 혁신역량을 강화하고 특성있는 발전을 위하여 5년을 단위로 하는 지역혁신발전계획을 수립하여야 한다.”에 의거하여 전국 16개 시·도는 지역혁신발전 5개년 계획을 수립하였다.

따라서 시·도지사는 지역혁신발전계획을 시행하기 위하여 매년 시행계획을 수립·시행하여야 하며 이를 국가균형발전위원회에 제출하도록 의무화시켜 놓고 있다.

그러므로 지역혁신발전 5개년 계획은 법정계획과 실행계획의 성격을 띠고 있다. 또한 한정된 자원을 유효하고 전략적으로 활용하기 위해 중점적으로 육성해야 할 전략산업의 선정, 협력체계의 형성, 지원 방안 등을 담은 전략계획이며 지역의 시책을 담은 중기계획으로서의 성격을 띠고 있다.

2. 지역별 계획의 주요 내용

16개 시·도의 지역혁신발전 5개년 계획은 다음과 같은 내용을 중심으로 수립되고 있다<표 17-3 참조>.

표 17-3 지역별 계획의 주요 내용

항 목	내 용
지역혁신의 비전 및 목표	• 지역혁신의 비전 • 지역혁신의 목표
지역혁신의 여건 분석	• 지역혁신 역량분석 • 지역혁신 잠재력과 제약요인

항 목	내 용
지역혁신 발전방안	• 지역혁신체계 구축 • 전략산업의 육성 • 지방대학 및 인적자원 개발 • 과학기술 혁신역량 강화 • 혁신주체 역량제고 및 네트워킹 • 지역혁신 인프라 확충
추진체계와 투자재원	• 계획의 추진체계 • 투자재원 확보 • 모니터링 및 심사평가
세부실천 계획	• 지역핵심사업의 필요성과 타당성을 검토하여 제안

자료 : 국가균형발전위원회, 2004a, p.343.

제 6 절 평가체계

1. 평가체계 구축의 목적

평가체계 구축의 목적은 객관적·합리적인 평가체계의 운영을 통해 투자사업의 효율성을 높이고, 중복성을 배제하여 효율적으로 자립형 지방화를 달성하는 데 있다. 사업평가는 주로 균형발전특별회계의 지역개발 계정사업과 지역혁신 계정사업을 대상으로 한다.

2. 평가의 유형과 위원회 구성

(1) 평가의 유형

평가체계는 사전평가와 사후평가로 구분된다. 매년 5~6월에 실시되는 사전평가는 지방자치단체의 예산안에 대한 검토이며, 지방자치단체 중심의 계획수립에 따른 부작용을 최소화시키고, 부처간 중복사업을 조정하며, 신규사업의 필요성을 중점적으로 다룬다.

사후평가는 매년 3~4월에 실시되며, 지방자치단체와 중앙부처의 추진실적에 대한 평가로서 지방자치단체와 부처가 2월 말까지 제출한 자체 평가를 토대로 사업목표의 달성, 성과 및 효율성 등을 평가한다. 그리고 정기적으로 외부평가를 수행하여 사업수행주체의 자체평가에 내재하는 평가의 중립성 및 공정성 등에 따른 문제를 보완한다.

(2) 위원회 구성

평가위원회의 구성은 국가균형발전위원회 내의 각 국, 관련부처, 지방자치단체 등의 추천을 받아 평가위원을 선정한다.

3. 평가의 추진절차

국가균형발전위원회에서는 지방자치단체 및 부처에 시행계획수립(평가지침 포함)을 통보하고, 이에 따라 지방자치단체 및 부처에서는 전년도 시행계획의 추진실적 및 당해 연도 시행계획을 제출한다. 2월 말에는 전년도 시행계획의 추진실적에 대한 자체평가 결과를 제출하고 3~4월 국가균형발전위원회에서는 추진실적을 사후 평가하여 평가보고서를 작성하게 된다.

산업자원부에서는 평가보고서를 반영한 종합평가 결과를 부처 및 지방자치단체에 송부하고, 아울러 지방자치단체에서는 각 부처 및 국가균형발전위원회에 익년도 예산신청서를 전달한다. 국가균형발전위원회에서는 지방자치단체의 예산신청서를 검토하여 사전평가를 실시하고, 5월 31일 각 부처는 기획예산처에 예산요구서를 전달한다.

국가균형위원회에서는 예산신청서에 대한 검토결과를 기획예산처에 통보하며, 기획예산처는 국가균형위원회의 의견을 토대로 특별회계를 편성하고 이를 국회에 제출한다. 그리고 부처 및 국가균형위원회는 지방자치단체에 대한 모니터링 및 컨설팅을 실시하고, 그 결과를 토대로 다음 연도 중점 추진 방향을 설정한다.

4. 평가기준

평가기준은 사전·사후평가별로 구분된다. 사전평가의 평가기준은 지방자치단체별 투자우선순위, 사업계획의 적정성, 사업간 연계성 또는 지속발전기여도, 사업효과성 등이다.

사전평가의 최우선 기준은 지방자치단체가 스스로 작성한 투자우선순위이며, 이를 총괄평가에 반영하여 부처별 사업특성에 적합한 지역선정에 초점을 두고 있다. 그리고 사후평가의 기준은 달성도 및 효과를 우선적으로 고려하고 있다<표 17-4 참조>.

표 17-4 예산안 검토 평가항목 및 착안사항

평가항목(총점 : 100)	착안사항
Ⅰ. 지자체별 우선순위(30)	• 지자체 자체 평가결과 중 우선순위 • 혁신성 및 지역 적합성(혁신계정)
Ⅱ. 사업계획의 적정성(30)	• 목표달성 가능성 • 재원의 적절성 및 지자체별 재정자립도 • 상위계획과의 부합성
Ⅲ. 사업간 연계성(혁신 20) 지속발발전가능기여도 (개발 20)	• 지자체간·지자체 내 사업 연계성(혁신) • 환경보전 및 지역사회 통합 기여도(개발)
Ⅳ. 사업 효과성(20)	• 지역전략산업 육성 효과(혁신계정) • 지역주민 수혜도(계발계정) • 지역 내 소득증가 • 인적자원개발 및 고용증가 • 지속가능 발전성 등
Ⅴ. 조정사항(±10)	• 종합 조정(±10 이내, 평가항목 이외 항목 중 특이사항이 있는 경우, 혁신계정) • 낙후지역 대상사업(±10 이내, 개발계정)

자료 : 국가균형발전위원회, 2004a, p.349.

5. 평가의 활용

부문별 및 지방자치단체 시행계획 추진실적 평가결과는 대통령의 자문에 응하는 경우와 국가균형발전위원회의 익년도 균형발전특별회계 예산안 평가, 예산처의 익년도 예산한도액(ceiling)설정, 국가과학기술위원회의 익년도 연구개발 예산검토 등에 활용된다. 평가결과에 따라 중앙부처 및 지방자치단체의 익년도 국가균형발전특별회계 예산한도액 및 개별사업별 예산증감이 가능하다.

그리고 지방자치단체의 예산신청안 검토결과는 예산처의 익년도 균형발전특별회계 예산안 편성과 국가과학위원회의 익년도 연구개발 예산안 검토에 활용된다. 또한 평가결과에 따라 16개 시·도의 익년도 국가균형발전특별회계 사업별 예산신청액 조정이 가능하도록 되어 있다.

제 18 장
지역발전계획

제 1 절 계획수립의 배경과 성격

1. 수립배경

이명박 정부는 국가 균형발전 정책을 체계적으로 수행하기 위해 2003년에 발족한 대통령 자문기관인 국가균형발전위원회를 2009년 4월 지역발전위원회로 그 명칭을 변경하였다.

애당초 국가균형발전위원회는 국가균형발전특별법에 의해 설치되었으며 이 법은 그동안 수도권 규제와 사회간접자본 확충 중심으로 추진해온 지방발전시책을 고용창출을 유발하는 산업발전 중심으로 전환하는 것을 골자로 한 것이다.

이와 다르게 이명박 정부는 국가균형발전특별법을 지역발전특별법으로 바꾸고 지역발전위원회를 설치하여 다음과 같은 기능을 부여하였다.

지역발전위원회는 지역발전의 기본방향과 관련 정책의 조정에 관한 사항, 초광역 개발권 기본구상과 부문별 발전계획안 및 부문별 시행계획에 관한 사항, 지역발전시책 및 사업의 관리·평가에 관한 사항, 공공기관 등의 지방이전에 관한 사항, 수도권 경쟁력 강화와 수도권 및 지방의 상생 발전에 관한 사항 등을 심의하도록 하였다.

그러나 핵심적인 기능은 지역발전계획을 수립하는 것이며 이와 더불어 이명박 정부의 국정과제인 광역경제권구축, 지방재원확충, 수도권과 지방의 상생 실현을 이루고자 한다고 하였다.

2. 계획의 성격

(1) 지역발전 5개년계획은 광역경제권을 포함한 새로운 지역발전전략을 구체화하고, 향후 추진될 지역과제를 총 망라한 종합적인 계획이다.

(2) 지역발전 5개년계획은 국가균형발전 특별법 제4조에 의거하여 수립하는 법정계획이며, 예산과 연계한 5년 단위의 중기 실행계획이다.

(3) 지역발전 5개년계획은 중앙부처의 부문별 발전계획과 광역경제권 발전위원회에서 수립한 광역계획을 기초로 수립한다.

(4) 국가균형발전 계획과의 차별성

국가균형발전 5개년계획은 수도권과 비수도권간의 발전격차 심화를 배경으로 수립되었으나, 지역발전5개년계획은 지역의 글로벌 경쟁력확보를 위해 수립한다는 차이가 있다. 그리고 정책의 차이를 살펴보면 국가균형발전5개년계획이 지역균형발전의 추구, 기계적, 산술적 균형정책강조, 시도행정단위를 계획단위로 설정한 특징이 있는 반면, 지역발전5개년계획은 지역경쟁력 강화를 통한 국가발전, 연계협력에 기반한 광역화의 추구, 기초, 광역, 초광역으로 계획단위를 설정한 차이가 있다.

제 2 절 추진전략

지역의 글로벌 경쟁력확보와 삶의 질이 보장되는 지역 공동체를 형성하기위해 부문별 계획을 4대 발전전략으로 제시하였다. 그 내용은 광역경제권, 시군기초생활권, 초광역 개발권, 지방분권 및 규제합리화 이다. 먼저 5+2 광역경제권은 강원권, 대경권, 동남권, 충청권, 호남권, 수도권, 제주권 등으로 나누었다. 다음으로 163개 시군기초생활권은 쾌적한 생활환경을 조성토록하며, 4+α인 초광역 개발권으로 개방협력 체제를 유지하도록 한다. 끝으로 지방분권 및 규제합리화로 지역주도의 상생발전을 도모하고자 하였다.

제 3 절 부문별 계획

1. 광역경제권 구축

광역권 자원의 공동이용 및 활성화를 유도하기 위하여 광역권별 발전계획에 포함된 신규 연계·협력 사업을 지원한다. 그리고 광역권별로 지원대상을 특정 산업분야로 한정하지 않고, 지식서비스, 융합, 문화콘텐츠 등 개방적 형태로 운영하도록 한다. 사업의 선정절차는 중앙정부에서 가이드라인을 제시하고 해당의 광역위원회가 계획안을 제출하면 선정여부를 결정한다.

2. 기초생활권의 설정

(1) 쾌적한 생활환경 조성을 위해 163개 시군을 도시형, 도·농연계형, 농산·어촌형으로 유형화 한다.

(2) 성장촉진지역 등 지역별 특성에 맞는 맞춤형 개발, 농어촌 자원을 활용한 다양한 소득원 확충, 취약지역 의료복지 서비스 개선 등 생활여건의 개선을 추진한다.

3. 초광역 개발권 구상

개방·협력의 촉진을 위해 'ㅁ'자형 고속화철도망 등 동서남북의 교통물류망 구축, 초광역적 산업벨트 육성, 4대강·백두대간 등을 생태탐방 및 체험관광 녹색자원으로 활용하는 방안을 검토한다.

제 4 절 광역권별 발전계획

1. 충청권

과학기술과 첨단산업의 중심, 대한민국의 실리콘 벨리를 목표로 하고 IT, BT 산업의 핵심거점, 과학기술 및 인재 경쟁력 강화, 과학기반형 광역거점육성, 첨단, 문화, 환경 융합지역을 창출하도록 한다. 그리고 28개 기초생활권을 설정하고 대덕특구, 첨단의료복합단지, 오송 생명과학단지, 청주 국제공항 등을 활성화 한다. 주요 선도사업은 NEW IT, 의약바이오 등이고 선도SOC사업은 세종시, 대전-세종시-오송 신교통수단, 물류고속도로, 서해선 복선전철, 동서4축 고속도로 등이다.

2. 호남권

21세기 문화예술과 친환경 녹색산업의 창조지역을 비전과 목표로 정하고 36개 기초생활권을 설정하고 새만금·광양 경제자유구역, 대불·군산 자유무역지역, 무안공항, 광양항 등을 활성화 한다.그리고 신재생에너지, 친환경 부품소재를 선도산업으로 정하고 선도SOC사업은 새만금 개발, 여수EXPO, 서남해안 연육교, 호남고속철도, 광주외곽 순환도로 등으로 한다.

3. 동남권

환태평양시대의 기간산업 및 물류중심지를 비전과 목표로 정하고, 22개의 기초생활권을 설정한다. 부산·진해 경제자유구역, 마산 자유무역지역, 부산항, 김해공항 등을 지원하고 수송기계, 융합부품소재를 선도사업으로 정한다. 그리고 선도SOC사업은 경전선 복선전철, 동서8축 고속도로, 동북아 제2허브공항, 마산-거제 연육교, 부산외곽순환도로 등으로 한다.

4. 대경권

전통문화와 지식산업의 신성장 지대를 목표로 정하고 24개의 기초생활권을 설정한다. 대구·경북경제자유구역, 첨단의료복합단지, 포항 자유무역지역 등을 중점지원하고 그린에너지, IT융복합 등을 선도사업으로 한다. 그리고 선도SOC사업은 동서5축·동서6축 간선도로, 남북7축 고속도로, 3대 문화권 조성, 대구외곽순환도로 등으로 한다.

5. 수도권

선진일류국가를 선도하는 글로벌 비즈니스 허브를 목표로 정하고 33개의 기초생활권을 두고 인천경제자유구역, 황해경제자유구역, 인천국제공항, 인천항 등을 중점 지원한다. 선도SOC사업으로는 제2외곽 순환도로, 원시-소사-대곡 복선전철, 인천지하철 2호선 등이다.

6. 강원권

환동해권 관광, 휴양 및 웰빙산업의 프론티어 등을 목표로 정하고 18개의 기초생활권을 정한다. 동해자유무역지역, 원주 의료기기 테크노 밸리, 녹색생태자원 등을 중점지원하고 의료융합, 의료관광 등을 선도사업으로 정한다. 선도SOC사업은 동서2축 고속도로, 남북7축 고속도로, 원주-강릉 철도, 제2영동 고속도로 등으로 한다.

7. 제주권

아시아 최고 수준의 국제자유도시를 목표로 하고 2개의 기초생활권을 둔다. 제주국제공항, 국제자유도시, 해양관광자원 등을 중점지원하고 선도사업은 물산업, 관광레저 등으로 한다. 그리고 선도SOC사업으로는 서귀포 크루즈항, 제주해양과학관, 영어교육도시 등으로 정한다.

제 5 절 역할분담

1. 광역경제권 발전위원회의 구성

(1) 이명박 정부의 신지역정책의 일환으로 광역권 개발사업을 추진하는 기구로 2009년 7월에 설립하였다. 광역위원회 및 사무국의 조직·운영 등에 관하여 필요한 사항은 국가균형발전특별법 시행령 제32조 제7항에 따른 운영준칙의 범위에서 광역위원회의 운영세칙으로 정하였다.

(2) 광역경제발전위원회는 대체로 두 개 과(기획총괄과, 조사평가과)로 구성된다. 동남권 광역경제발전 위원회 조직의 예를 보면 상설 사무국, 그리고 자문단으로 구성되고 있다. 동남권 광역경제발전 위원회는 15인의 위원으로 구성되며, 3개 시·도지사가 당연직 위원이다. 사무국은 2개 과(기획총괄과, 조사평가과)로 구성되며, 위원회 행정사무 수행 및 주요 안건을 발굴하는 역할을 수행한다. 사무국의 직원은 사무총장, 시·도 파견 공무원 및 연구원으로 구성되며 자문단은 권역내 시도 공무원, 연구원, 대학교수, 언론인 등으로 구성되었다.

2. 광역경제권 발전위원회의 기능과 사업

(1) 기능과 사업

광역경제발전위원회의 공식적인 기능은 국가균형발전특별법 제28조 제2항에 규정하고 있다. 이 규정에 의한 광역발전위원회의 주요 기능은 광역계획 및 광역 시행계획의 수립에 관한 사항, 광역경제권 내 시·도간 협력사업의 발굴에 관한 사항, 광역경제권 내 시·도간 연계·협력사업에 대한 재원의 분담에 관한 사항, 해당 광역경제권 사업의 관리평가에 관한 사항, 그밖에 광역경제권 협력사업을 추진하기 위하여 필요한 사항 등 이다. 참고로 동남권 광역경제권 발전위원회가 그 동안 추진해온 주요 사업을 보면 <표 18-1>과 같다.

표 18-1 동남권 광역경제 발전위원회의 주요사업

구 분		주요 내용
발전계획 수립	동남광역경제권 발전계획(2009-2013년)	2009년 10월에 부울경 공동발전을 위한 동남광역경제권 발전계획 수립: 비전과 추진 전략, 발전역량 및 경쟁력 강화 방안, 추진 방안 및 평가체계 등 제시
동남권 주요 연계·협력사업	선도산업 지원사업	(재)동남권선도산업지원단을 중심으로 동남권 수송기계 및 융합부품·소재 산업의 경쟁력 제고를 위한 선도산업 지원사업(2009년부터 국비 2,000억원 투자)
	인재양성사업	산학네트워크, 취업프로그램 실시 등을 통해 산업육성을 견인할 맞춤형 인재육성사업
	시도전략산업 프로젝트	시도별 전략산업을 선정하여 일자리창출과 지역 경제활성화
	30대 선도프로젝트	동남권 내·외연계 강화를 위한 교통·물류 인프라 구축 사업
광역교통 및 관광	동남권광역교통본부	3개 시도(부산시, 울산시, 경남도) 간의 광역교통 현안 해결 등의 역할 담당을 위해 2012년 5월에 설립
	통합관광 어플리케이션 개발	동남권내 광역형 관광코스, 지역역사, 위치정보, 소셜네트워크 등 통합관광 콘텐츠를 수록한 통합관광어플리케이션 개발
	공동 관광설명회 및 판촉	중국 상해, 항주, 남경에서 3개시도 공동 홍보자료 제작 및 관광 마케팅 활동
큐슈권과 초국경협력사업	한일경제교류	한·일경제인교류회 창설, 동남권한·일경제인교류회 양해각서(MOU) 체결
포럼 및 협의회 (상생발전 사업)	동남권 100년포럼	동남권의 각계 분야(정치, 행정, 언론, 대학, 경제, 의료 등) 200여명 대표로 2011년 7월에 구성된 동남권100년포럼 지원
	동남권 유관기관 협의회	동남권내 산학연관 간의 상시적 협력을 위한 유관기관협의회(2009,12) 참여 및 지원
	동남권 선도산업·인재양성 사업 협의회	동남권의 선도산업 참여 기관 및 기업들과 협력과 맞춤형 인재육성사업을 위한 협의회 구성 및 지원

자료 : 동남권광역경제발전위원회. (2012).

(2) 한 계

① 광역경제 발전위원회는 위원회가 기능을 제대로 수행하는데 핵심을 이루는 권한, 재원, 인력이 부족한 실정이다. 즉 정부가 추진하는 사업의 대행자로서 사업비를 분배하는 기능을 부분적으로 맡고 있는 실정이다.

② 위원회의 파견 공무원들은 순환근무제로 인해 조직에 대한 소속감이 결여되어 있다. 그리고 광역경제 발전위원회는 협의기구와 유사한 성격을 갖고 있어 지방자치단체간의 협력 사업을 실질적으로 추진하기에 많은 한계를 갖고 있다.

제 6 절 지역발전정책의 추진방향

1. 지역발전정책의 추진과정 평가

우리나라는 수도권 집중과 지역불균형 문제가 심각하여 1960년대부터 각종 지역발전정책을 추진하여 왔고, 김영삼 정부, 김대중 정부의 시기 동안 중앙정부가 주도적 역할을 수행해 왔다.

특히 노무현 정부는 한편으론 지방분권 정책에 중점을 두면서 다른 한편으론 국가균형발전특별법의 제정과 함께 국가균형발전정책을 실시하고 행정중심복합도시 건설, 공공기관의 지방이전, 지방대학 혁신역량강화, 국가균형발전 특별회계 신설 등과 같은 중앙정부 주도적 지역발전정책을 추진하였다.

이와 다르게 이명박 정부는 기초생활권(163개), 광역경제권(5+2, 7개), 초광역 개발권(4+α)을 공간단위로 설정하여 연계·협력 사업을 중심으로 한 지역발전정책을 추진하였다. 그리고 지방소득세 및 지방소비세의 도입, 지역상생발전기금 설립, 포괄보조금제도 도입 등을 추진하였다.

그러나 이명박 정부의 지역발전정책의 추진과정에서도 수도권과 지방간의 불균형 심화, 광역경제권 전략의 실효성 미흡, 지역발전위원회와 광역경제권발전위원회의 역할과 집행력 한계, 지역발전사업 추진조직의 분산과 연계·조정의 결여, 예산운용의 자율성 부족 등이 문제로 나타났다. 비록 지역발전위원회와 광역경제권 발전위원회가 설립되었지만 집행력의 한계로 인해 당초의 기대에 충분히 부응하지 못하였다.

2. 지역발전 추진체제의 개편

지역정책은 일반적인 경제·산업정책, 과학기술정책, 교육정책 등과 구분되어야 하며, 각종의 기능별 정책은 지역이라는 공간적 범주 속에 유기적인 연계가 뒷받침 되어야 한다. 재원과 정책수단이 중앙정부에 집중되어 있는 우리나라의 상황을 감안할 때 지역발전정책을 제대로 실현하기위해서는 관련 부처 간의 협력이 매우 중요하다.

그동안 우리나라 지역발전정책의 추진과정에서 제기된 가장 중요한 문제는 정책의 실효성과 집행력의 한계이다. 중앙정부의 지역발전 사업은 여러 부처에 산재되어 있어 조정의 문제와 비효율성이 제기되어 지역발전조직의 개선이 요청되고 있다. 이를 위해서 대통령 소속 상설 행정위원회로서 실질적인 종합조정 기능을 수행하는 조직을 설치하거나, 아니면 가칭 지역발전부의 신설을 고려할 필요가 있다.

제 19 장
도시기본계획

도시기본계획은 지방자치단체가 수립하는 종합계획으로서 도시관리계획의 상위계획으로 자리한다. 이하에서는 도시기본계획에 관한 기본적인 틀을 부산광역시(2012)를 사례로 설명해 보지만, 여타의 지방자치단체도 지역적인 특성을 제외하면 그 논리적인 접근은 유사하다고 하겠다.

제 1 절 계획의 목적 및 성격

1. 계획의 목적

(1) 국토와 도시공간에 대한 국가 및 상위계획의 정책변화를 수용하고, 급변하는 도시여건의 변화에 대응한 도시발전의 미래상을 재정립하고 지속가능한 도시의 발전방향을 제시한다.

(2) 동북아 비즈니스 중심국가로서의 실현을 위한 부산광역시의 도시관리 전략의 마련과 동남권 중추도시로의 위상을 구축한다.

(3) 저탄소 녹색 도시계획수립으로 친환경적인 도시관리체계를 확립한다.

2. 계획의 지위와 성격

(1) 정책계획

국토종합계획, 부산권 광역도시계획 등 상위계획의 내용을 수용하여 바람직한 미래상과 장기적인 발전방향을 제시하는 정책계획이다.

(2) 종합계획

토지이용, 기반시설, 공원, 녹지 등 물리적인 측면 뿐만 아니라 인구, 산업, 사회, 재정 등 사회경제적 측면을 포괄하여 주민생활환경의 변화를 예측하고 대비하는 종합계획이다.

(3) 전략계획

토지의 개발 및 보전, 기반시설의 확충, 효율적인 도시관리 전략을 제시하여 하위계획인 도시관리계획의 기본이 되는 전략계획 이다.

3. 도시기본계획의 변경

도시기본계획의 변경은 제4차 국토종합계획(2011~2020)과 부산권 광역도시계획변경에 따른 능동적인 대응의 필요성에 따른 것이다.

(1) 도시발전 및 도시계획의 여건변화

① 대도시 중심의 광역경제권 형성

동북아는 도쿄권, 오사카권, 경인권, 상하이권, 홍콩권이라는 광역경제권이 형성되어 있으며, 이들 광역경제권간의 네트워크도 강화되고 있다. 따라서 부산의 경우 동남권과 큐슈권을 연결하는 광역적 차원의 초국경 광역경제권의 형성이 필요하다.

② 지식기반산업 육성

지식기반산업의 중요성이 증가하는바, 금융, 교육, 문화·예술, 관광·컨벤션, 디자인 등 고부가가치의 지식서비스 산업중심의 경제발전을 추진할 필요가 있다. 그리고 제조업의 경우도 지식기반혁신을 통해 고부가가치산업으로 전환할 필요가 있다.

③ 녹색산업의 신성장 동력화

녹색산업, 녹색기술에 대한 적극투자로 지구온난화에 따른 지구환경변화에 대응하고 저탄소 녹색사회의 기반을 구축한다.

④ 도시재생

도시화, 탈도시화를 거쳐 도심재생의 단계로 전이되는 도시현상이 발생하고 있다. 도시재생사업은 문화·예술, 생태환경을 주제로 하여 도시의 이미지 및 브랜드가치를 제고함으로 도시활성화를 추진할 필요가 있다.

(2) 도시계획 패러다임의 변화

① 도시성장관리

개발위주의 도시정책에 따른 환경파괴가 아닌 경제성장, 환경보전, 삶의 질 향상을 동시에 추구하는 관리정책을 추진한다. 이를 위해 기존시가지의 계획적인 정비에 우선순위를 두고 신규녹지 개발수요를 억제하고 자연환경과 오픈 스페이스를 보존한다.

② 저탄소 녹생성장

녹색산업, 녹색기술의 신성장 동력화를 기하고 저탄소 녹색도시를 실현하고, 삶의 질을 중시하는 사회현상을 반영한다.

③ 광역경제권

동북아지역의 대도시 경제권에 대응항한 정보, 물류시설을 확충한다. 향후 대량생산기반의 제조업중심에서 지식기반산업중심으로 전환될 것이므로, 경제구조 변화에 따른 경쟁력의 질적 변화 및 점증하는 국가간 경쟁에 효과적으로 대처하기 위해 광역경제권을 형성한다.

제 2 절 계획의 범위와 수립과정

1. 계획의 범위

(1) 시간적 범위

계획의 기준년도는 2008년으로 하고 목표년도는 2030년으로 한다. 계획기간의 단계별 구분은 1단계는 2008년~2015년까지, 2단계는 2016년~

2020년까지, 3단계는 2021년~2025년까지, 4단계는 2026~2030년으로 한다.

(2) 공간적 범위

부산광역시의 전 행정구역과 연접된 공유수면 중 항만법에 의한 항만구역과 어항법에 의한 어항구역을 포함하는 및 항만, 어항구역을 중심으로 설정한다.

2. 계획의 수립과정

(1) 부산광역시의 시정방향 수용

동북아시대의 "해양수도부산"이라는 시정비전과 풍요로운 신경제, 사람중심의 창조도시, 함께하는 선진복지, 매력 있는 생활문화, 글로벌 일류부산 등 5대 목표를 수용한다.

(2) 관련계획 및 여건변화 검토

다음과 같이, 국가정책상의 여건변화에 따른 관련계획을 검토하고 부산의 사회적·경제적 여건변화를 수용하도록 한다.

① 국가정책상의 여건변화

제4차 국토종합계획 수정계획, 2020 부산권 광역도시계획, 각 분야별 관련계획(도시교통정비계획, 공원녹지기본계획 등) 등을 재검토한다. 제4차 국토종합계획의 수정계획에서는 부산광역시의 미래상으로 해양·물류중심도시를 제시하고 있음으로 실천전략으로 동남광역경제권 중추도시 등을 통한 발전전략을 설정한다. 또한 제4차 국토계획의 수정계획에 나타난 5+2 광역경제권, 4+α 초광역 개발권계획을 수용한다. 그리고 2020 부산권 광역도시계획에서 밝힌 환동해경제권의 중추적 역할을 수행하고 친환경개발과 삶의 질 향상을 제시한다.

② 부산의 경제·사회 여건변화

도심인구의 감소, 외곽지역인구의 증가, 노인인구의 증가 등이 예상된다. 그리고 도심지역의 상권변화에 따른 공간구조의 변화, 산업단지개발에 따른 변화 등이 예상된다. 또한 부산신항, 부산신항 배후 국제산업물류도시, 서부산권, 동부산권, 원도심의 도시재생 등 토지이용을 통한 변화가 예상되고, 지역간의 연계성 확충에 따른 교통환경의 변화가 예상되어 이에 관한 검토작업이 요구된다.

(3) 전문가그룹의 참여

부산광역시의 출연 연구기관인 부산발전연구원과 국토연구원의 전문가, 부산시의 도시계획전문가 등이 참여한다.

(4) 시민참여

계획내용의 홍보 및 수립과정의 투명성을 확보하기위해 홈페이지를 운영하고, 시민설문조사, 공청회 등을 개최한다. 시민의견은 부문별계획안의 수립과정에 다시 투입되어 계획안이 조정될 수 있도록 한다.

(5) 자치구·군의 의견수렴 및 관련부서 협의

16개 자치구·군 의 의견을 수렴하고 관련부서의 각 부문별계획을 반영한다.

(6) 단계별 집행계획의 수립

최종적으로 단계별 집행계획을 수립한다.

이상에서 부산광역시를 사례로어 도시기본계획의 개요를 설명하였지만, 기본틀은 모든 지방자치단체에 똑같이 적용된다. 다만, 개별도시의 지역적 특성에 맞도록 도시기본계획을 수립해야 하기 때문에, 지역의 주민들은 자기가 속해있는 지방자치단체의 도시기본계획을 중심으로 미래의 발전방안에 관심을 기우려야한다. 이와 같은 도시기본계획을 토대로 도시관리계획이 수립되므로 도시기본계획은 지방자치단체의 계획으로서는 부산권 광역도시계획의 하위계획으로 자리함과 동시에 도시관리계획의 상위계획으로 자리한다.

제 20 장 중기재정계획

중기재정계획이란 재정정책을 수립하고, 이를 기초로 재원배분 방향을 설정함으로써 한정된 재원을 가장 효율적으로 사용하여 주민의 복지를 향상시키려는 제도이다. 이와 같은 중기재정계획의 기대효과와 관련 계획과의 관계, 계획의 내용과 재원배분방식 계획수립의 한계와 개선방향을 살펴보면 다음과 같다.

제 1 절 의의와 기대효과

1. 계획의 의의

재정계획의 뒷받침이 없는 각종 개발계획은 단순한 희망을 표시하는 정책의 나열에 불과하다는 점과 계획과 예산의 괴리현상이 심화되고 있다는 이유 때문에 중기재정계획이 등장하였다.

중기재정계획은 전통적 예산제도의 단점을 보완하고 각종 개발계획과 재정운용과의 연계성을 강화하기 위해, 중장기적 재정정책 방향을 먼저 수립한 후, 재원배분 정책의 연동화를 기하려고 하는 것이다.

그 동안 경제개발계획은 고정계획이었기 때문에 국내외의 정세와 국제경제가 급변하는 오늘날에 있어서는 당초계획과 현실과의 괴리가 심화될 수 밖에 없었다. 따라서 중기재정계획을 통해 계획과 예산을 연동화시켜 국제경제와 경기의 변동 및 국민욕구의 변화에 대응하고, 재정과 관련된 정책 및 사업내용이 일관성을 가질 필요가 요구되었다.

재정의 계획적운용에 대한 요구는 지방재정도 예외가 될 수 없다. 국가예산의 내용도 중앙에서의 계획과 지방에서의 집행이라는 관계를 통하여 지방재정과 긴밀하게 연결되어 있다. 이에 따라 국가와 지방자치단체간의 재원배분의 적정화에 대한 요구가 증대되고 있다.

이처럼 중기재정계획제도는 지방재정을 계획재정으로 접근시킬 수 있는 중요한 제도적 장치이다. 이를 통해 전년도 답습식 예산운용에서 탈피하여 장기적이고 종합적인 안목에서 사업의 우선순위를 책정하고, 각 부처의 사업계획수립에 가용재원의 한계를 제시하여 부문별 정책입안의 지침으로 활용하게 함으로써, 재정규모의 팽창을 억제하고 재원의 합리적 배분을 통한 예산의 효율성을 제고시킬 수 있게 된다.

2. 계획의 기대효과

(1) 가용재원의 파악

중기재정계획을 수립하는 목적은 향후의 신규시책이나 기존시책을 실시할 수 있는 가용재원을 가능한 한 명확한 수치로서 파악코자 하는데 있다.

(2) 계획과 예산의 연계성

중기재정계획에서는 가용재원의 한도를 파악함으로 그 범위 내에서 투자의 우선순위에 따라 실현 가능한 시책이 선택되며, 필요한 경우 의무적 경비 또는 기존경비에 대한 효율성 및 지출형태를 재검토를 한다. 이런 과정을 통해 수립되는 사업계획은 계획과 예산의 연계성을 강화할 수 있다.

(3) 재정수요의 억제

가용재원의 파악과 실현 가능한 시책의 선택 및 기존경비의 재검토를 통하여 중기재정계획은 재정의 자연적인 팽창요인에 제동을 걸 수 있으므로 재원의 효율적인 배분을 보다 합리적으로 이룰 수 있다.

(4) 세입구조의 판단자료

중기재정계획은 각 세입과목의 적정한 수준의 확보, 재원의 확충 등의 구체적인 판단자료로 활용된다.

(5) 주민의 이해

오늘날의 행정서비스는 그 범위가 광범위하여 주민의 이해를 구하는 것이 용이하지는 않지만, 종합적인 시책방향과 재정수지의 전망을 제시하고, 행정서비스 공급의 확충과 주민부담의 증가에 대한 주민의 이해를 높임으로서 사업시행에 대한 예측가능성과 일관성을 확보할 수 있다.

(6) 예산편성업무의 효율화

중기재정계획은 재정운용에 있어 실효성이 있는 지침이 된다. 중기재정계획은 예산요구액이 가공적인 숫자로 제출되는 것을 억제할 수 있을 뿐 아니라, 예산투쟁을 완화시킬 수 있으므로 예산편성사무의 효율화를 기할 수 있다.

제 2 절 관련 계획과의 관계

1. 국가재정운용계획

(1) 계획의 성격

국가재정운용계획은 노무현 정부가 재정건전성을 견지한다는 취지에서 제도화 시킨 것이다. 이 계획은 단년도 위주의 재정운용방식을 보완하고 중장기적인 시각에서 재정운용이 이루어지도록 하는 것으로서, 5년동안 국가재정의 기본적인 운용방향과 주요 분야별 재원배분 및 투자계획 등을 제시하는 국가재정운용의 청사진을 제시하는 것이다.

즉 국가의 중장기 국가발전 전략을 제시하고 이를 재정측면에서 뒷받침하기 위하여 분야별 및 주요 세출사업별로 재원배분 계획을 제시하는 것으로서 국정우선순위에 따라 한정된 재원을 배분하여 자원배분의 효율성을 제고하고자 하는 것이다.

(2) 계획의 수립배경

국가재정운용계획수립의 배경은 다음과 같다(정부혁신지방분권위원회, 2005:120~121).

① 그 동안 예산을 편성하는 관계 부처나 재정당국, 그리고 예산을 심의하고 승인하는 국회 모두 단년도 중심의 근시안적 사고를 갖고 있음으로서 중·장기적 우선순위에 입각한 전략적 재원 배분이 어려웠다.

② 그 동안 재정당국이 집권적·미시적으로 통제하는 상향식 예산편성방식 하에서 정보의 비대칭으로 인해 각 부처는 관례적으로 필요 이상으로 예산을 과다요구하게 되고 재정당국은 이를 대폭 삭감 하는 악순환이 반복되곤 했다. 이에 따라 재정당국과 부처간 불필요한 갈등과 마찰이 발생하여 행정력의 낭비를 초래하는 경우가 많았다. 즉 예산을 심의하는 재정당국이 개별 사업에 대한 구체적인 정보와 전문성이 부족한 상황에서 심의를 하는 경우도 많기 때문에 필요한 사업이 삭감되거나 중요성이 낮은 사업이 포함되는 문제가 발생하기도 하였다.

③ 그 동안 예산운영의 초점은 주로 투입측면에 집중되었고 예산집행 및 사업수행결과에 대한 사후적인 성과관리에 대해서는 관심이 부족하였다. 지출결과를 환류하는 시스템도 완비되지 않아 재정운영의 효과성이 저해되었다.

(3) 국가재정운용계획의 특징

국가재정운용계획은 사회·경제적 여건변화를 반영하여 수정·보완한 연동계획으로서 다음과 같은 특징을 나타내고 있다

① 계획 수립 과정을 공개하고 관계부처, 민간전문가, 일반국민 등의 참여기회를 확대한다.

② 투입위주인 품목별 예산체계를 성과중심의 프로그램(정책사업)체계로 전환하여 작성함으로써 재정사업에 대한 이해를 높이고, 성과를 쉽게 측정할 수 있도록 재정운용시스템 혁신의 인프라를 구축한다.

③ 재원배분에 있어 복지분야는 사회통합을 위해 경제성장의 에너지를 확대·재생산하도록 하며 경제분야는 민간의 역할을 강화하는 방향으로 구조조정을 추진한다.

④ 국가재정운용계획 수립 지침을 사전에 마련하여 전년도 말에 통보해 줌으로써 계획수립의 예측가능성을 높인다.

(4) 중기재정계획과의 비교

국가재정운용계획은 계획의 범위를 넓혀 종래 일반회계 등 예산 중심에서 예산과 기금을 망라하는 통합재정 기준으로 작성된다. 중·장기 재정운용계획 수립은 예산회계법 제16조에 임의규정으로 되어 있으나 국가재정운용계획은 국가재정법 제7조에 의해 계획의 수립과 국회제출이 의무화 되어 있다. 또 계획 수립방식도 기존의 재정당국 중심에서 관계부처, 지방자치단체, 연구소, 분야별 전문가 등 이해관계자가 폭 넓게 참여하는 방향으로 개편되었다.

중기재정계획과 국가재정운용계획을 비교하면 다음의 <표 19-1>과 같다.

표 19-1 중기재정계획과 국가재정운용계획의 비교

구 분	중기재정계획	국가재정운용계획
목 적	재정운용 방향제시	투자방향+총량목표 +구체적인 재원배분계획
실 효 성	재정운용 기초자료로 활용	단년도 예산 및 기금 운용계획의 틀로 활용 (부처별 지출한도로 활용)
수립방식	재정당국 중심	관계부처, 지자체, 연구소 등 관계자의 폭넓은 참여
법적근거	임의규정	수립과 국회제출 의무화

(5) 예산 총액배분 자율편성 제도

① 도입과 시행

예산 총액배분 자율편성 제도는 국가재정운용계획과 연계하여 시행되는 것으로서, 지출한도를 미리 설정하여 예산편성시 이와 같은 범위 내에서 자율적으로 예산을 편성하도록 하는 것이다.

이 제도는 재정환경이 복잡·다양해지고 행정의 업무범위와 전문성이 확대됨에 따라 재정당국이 모든 사업을 조정하던 방식으로는 그 한계가 있다는 인식에 기초한 것이다. 따라서 재정당국이 부처별·분야별 한도를 사전에 제시하고, 이에 근거하여 각 부처가 자율적으로 예산을 편성하는 예산제도이다.

우리나라에서는 2004년도 예산편성시 공정위원회, 국세청, 관세청, 조달청에 시범적으로 실시한 이후 독립기관을 제외한 전 부처를 대상으로 전면적으로 실시하고 있다.

② 기대효과

총액배분 자율편성제도 시행에 따른 기대효과는 다음과 같다

(ㄱ) 국정의 우선순위에 따라 한정된 재원을 배분할 수 있게 한다. 즉 주어진 지출한도 범위 내에서 각 부처가 자율적으로 예산을 편성하게 됨에 따라 예산의 과다요구가 시정되고 대폭삭감이라는 불합리한 관행이 개선된다. 또한 부처별로 우선순위가 높은 사업위주로 반영을 하고 그 외의 사업의 규모는 줄이게 됨에 따라 예산의 구조조정이 자율적으로 일어나게 됨으로써 재원배분의 효율성을 높일 수 있게 된다.

(ㄴ) 분야별 지출규모가 국무위원재원배분회의 등을 통해 논의된 국가적 정책 우선순위에 따라 배분되고, 부처별로 지출한도 내에서 자율적으로 사업을 추진할 수 있게 되어 주요 국정사업을 안정적으로 추진할 수 있게 된다.

(ㄷ) 각 부처, 민간 전문가, 일반국민 등 다양한 이해관계자의 의견을 반영하여 확정된 국가재정운용계획을 기초로 하여 단년도 예산을 편성하게 되므로 국가정책의 투명성과 예측가능성을 높일 수

있게 된다.

㈑ 총량배분은 기획재정부가 수행하고 개별사업은 내용을 잘 아는 소관부처가 편성을 주도하게 됨에 따라 부처의 전문성을 살릴 수 있게 되고 예산심의과정에서 삭감을 위한 행정낭비를 최소화 할 수 있게 된다.

(6) 재정사업 성과관리제도

재정사업 성과관리제도는 노무현 정부의 재정세제 개혁의 일환으로 나타난 것으로 그 추진배경과 기대효과를 요약하면 다음과 같다(기획예산처, 2005:343~345).

① 추진 배경

그 동안 우리나라의 재정운용은 예산편성에 치중하여 사후적 성과관리와 환류노력이 미약하였다. 이로 인해, 재정지출의 성과를 쉽게 파악할 수가 없어 한 번 예산이 반영된 사업은 성과와 상관없이 매년 지속되는 등 방만한 재정운영이 문제로 지적되었다. 이에 따라 참여정부 출범과 함께 재정·세제개혁과제의 일환으로 「재정사업 성과관리제도」의 도입을 추진하게 되었다.

② 기본구조와 기대효과

성과관리는 '예산편성-집행-결산'의 예산주기와 같이 3년의 주기로서 '성과계획서 작성-당해년도 사업집행-성과보고서 작성'의 과정으로 이루어진다. 즉, (Y-1)년도에 성과목표와 성과지표를 주요 내용으로 하는 성과계획서를 작성하고 Y년도에 재정을 집행하여 (Y+1)년도에 집행결과를 성과보고서로 작성하게 된다.

성과계획서는 기본적으로 부처의 임무(mission)로부터 시작해서 전략목표, 성과목표, 성과지표의 순으로 작성된다. 부처의 임무는 법이 정한 부처의 궁극적인 목표이다.

전략목표는 부처의 목표·가치·기능 등을 포함하는 기관임무 수행을 위해 중장기적으로 추진하는 중점 정책방향을 의미하며, 주로 실·국 단위의 목표와 부합되는 경우가 많다.

성과목표는 전략목표의 하위개념으로 주요 재정사업을 통해 달성하려는 복수의 구체적인 목표이며, 전략목표보다는 구체적으로 정의되며, 임무의 분석 또는 사업의 검토로 부터 목표를 도출한다.

성과목표가 포괄하는 사업의 범위는 동일한 지표에 의해 성과목표를 평가할 수 있도록 각 부처가 단일 세항, 세항분리, 세항 통합, 세세항의 통합 등을 탄력적으로 설정할 수 있다.

이와 같은 재정사업 성과관리제도의 기대효과는 우선 각 부처가 주요 사업의 성과목표와 목표달성 여부를 객관적으로 측정할 수 있는 성과지표를 사전에 제시함으로써, 명확한 목표 의식과 책임감을 갖고 사업을 추진하게 되어 재정투입의 효과를 개선할 수 있다.

또한 사업 집행 후 자율평가를 통해 성과지표의 목표치와 실적치를 비교 분석하여 부진한 경우 사업 추진 방식을 개선하거나 사업규모를 조정하는 등 예산 편성에 환류작업을 거쳐 예산의 낭비요인을 줄일 수 있다.

2. 경제사회발전 5개년계획

그 동안 경제사회발전 5개년계획의 경우, 일단 수립되면 5년간 계획을 공식적으로 수정하지 않는 방식으로 운용됨으로써 급변하는 환경의 변화로 인해 계획과 현실과의 격차가 존재해 왔었다.

이러한 문제점을 보완하기 위하여 연동계획의 성격을 지니는 총자원 예산을 작성하였으나, 총자원 예산은 총량계획 및 부문별 정책방향을 중심으로 작성되고 그 작성시점도 예산이 통과된 후의 시기가 됨으로써 예산편성 방향을 제대로 제시할 수 없었다.

그러나 중기재정계획은 예산편성 이전에 사업계획과 예산계획이 일치하도록 작성하고 이를 연동화 함으로써, 경기변동 등 변화되는 여건에 적응하는 방식을 채택하여 계획과 현실의 괴리를 축소시킨다는 점에서 기존의 「경제사회발전 5개년계획」과 차이가 있다.

3. 지역개발계획

지역개발계획은 각종 행정수요에 대처하면서 종합행정의 실현을 위하여 필요한 것으로써 재정계획에 의하여 뒷받침 되어야 그 실효성이 보장된다. 따라서 지역개발계획과 중기재정계획은 사업계획수립에 있어 계획기간 중 시행될 사업의 목표와 수단을 명시하게 되고 재정지원의 계정과 융합되어 각 연도의 사업이 결정되는 것이다.

4. 지방자치단체예산

중기재정계획은 가용재원의 범위 내에서 재원배분을 미리 결정함으로써 연도별 예산운영에 계획성을 부과하려는 것이어서 세입과 세출에 관한 지방자치단체예산의 결정행위와 다르다. 중기재정계획은 예산결정에 영향을 미치며 매년도의 예산편성과 집행을 통하여 지방재정계획의 일부가 되는 것이어서 양자간에는 밀접한 관계가 있다. 즉 투자사업인 경우 중기재정계획에 반영되어 있지 않으면 당해연도 예산에 편성될 수 없도록 되어 있다.

제 3 절 계획의 수립

1. 수립기준

중기재정계획의 수립기준으로서 ① 계획기간은 기준연도를 포함하여 5개년으로 하고, ② 기준년도는 계획작성 전년도로 하며, ③ 가격기준은 매년 수정 당시의 예산기준 단가를 적용하는 불변가격을 사용하도록 하고 있다(지방재정법 제16조).

2. 기준연도와 작성시기

계획의 기준년도는 통산적으로 전년도로 하며 계획작성시 가격기준을 불변가격으로 할 것인지 경상가격으로 할 것인지는 경제상황에 따라 달라진다.

작성시기는 각종사업계획과 예산편성의 기준으로서 활용할 수 있도록 투자사업 심사를 예산편성 이전에 완료하여, 재정의 계획적 운용이 이루어지도록 한다. 그리고 중기재정계획의 운용방식은 연동방식으로 한다.

즉, 재정계획의 이행과정에서 매년 계획내용을 수정하고 보완하되 계획기간을 계속하여 1년씩 늦추어 가면서 동일한 연도의 계획을 수립해 나가도록 하는 것이다.

3. 수립 및 운영체계

지방자치단체의 중기재정계획 수립 및 운영체계는 다음과 같다. 행정자치부에서 계획수립의 기본적인 지침을 시달하면, 각 지방자치단체는 자체의 계획을 수립한 다음, 이를 행정자치부에 제출하고 행정자치부는 각 지방자치단체별 계획을 조정하여 중기재정계획을 작성한다.

(1) 계획의 입안

기획관리실 또는 정책관리실의 주관 하에 분야별 담당부서의 장이 참가하여 시정의 모든 과제를 망라해서 검토하고 체계화 한다. 1단계에서는 계획분야별로 국장급을 중심으로 계획을 입안하고, 2단계에서는 분야별로 입안된 계획을 기획관리실의 주관 하에 종합하며, 3단계에서는 지방자치단체장의 주관 하에 입안된 계획을 평가한다. 이어서 「중기재정계획위원회」에 회부하여 계획내용을 검토한 후 최종 확정한다.

(2) 계획수립 및 운영체계의 도식화

중기재정계획의 수립 및 운영체계를 도식화해 보면 다음의 <그림 19-1>, <그림 19-2>와 같다.

표 20-1 계획수립체계의 도식화

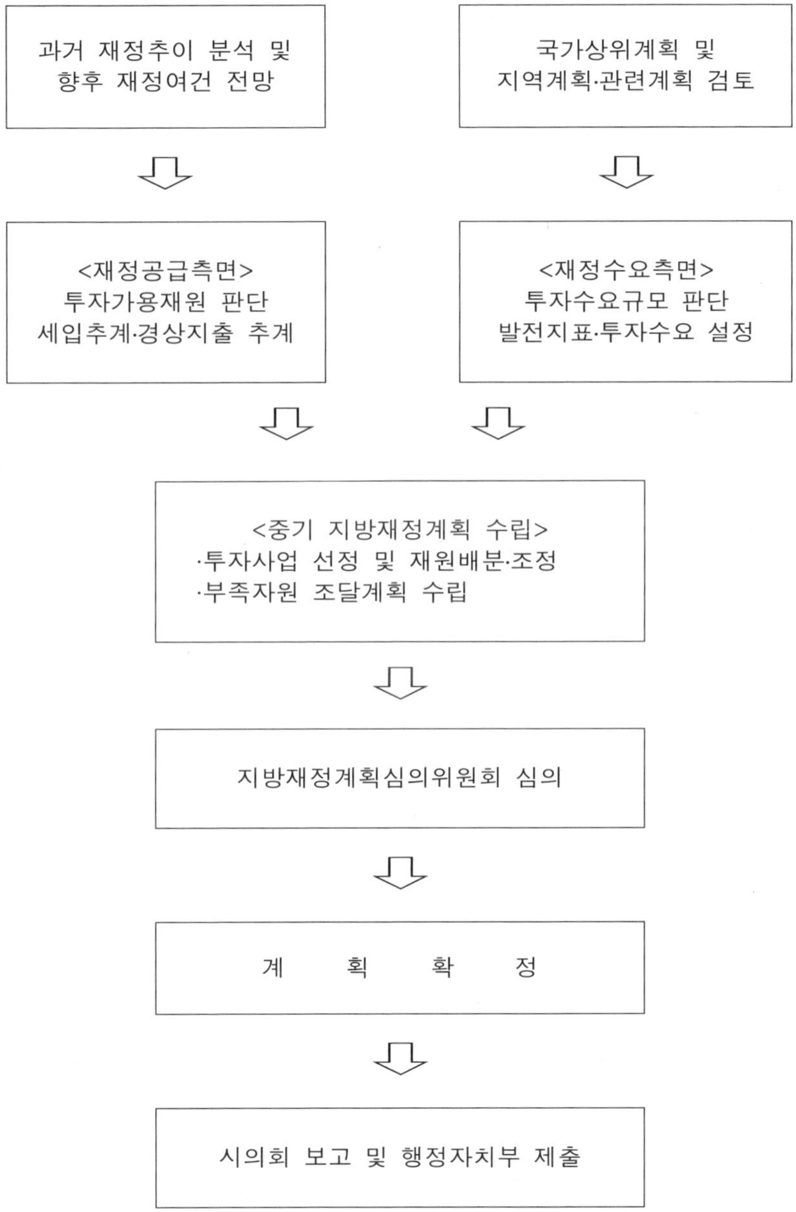

표 20-2 운영체계의 도식화

연동화	단계	내용	구분
연동화	정책지침 제시 (행정자치부)	·국가 중·장기계획의 지역화 ·관계 중앙행정기관과 협의	계획
	중기지방재정 계획 수립	·중기지방재정계획 수립 ·부문별 계획수립 및 재원 배분	
	투자심사	·주요투자사업에 대한 타당성 검토	
	예산편성	·예산편성지침 수립 ·가용재원 적정배분	관리운영
	예산심의·확정	·지방의회의 부문별 심의 ·시민·전문가 의견수립	
	사업집행	·예산집행 사전 심의 ·사업추진, 확인평가	평가
	심사평가	·사업효과성 판단	

제 4 절 계획의 내용과 재원배분 방식

1. 계획의 내용

중기재정계획은 크게 재정수입계획과 재정지출계획으로 분류하여 수립된다. 재정수입계획에서는 예산과의 적합성 등을 고려하여 일반재원과 특정재원으로 나누어 산정하며, 재정지출계획은 경상부문과 투자부문으로 나누어 산정한다.

일반재원수입이란 용도가 정하여져 있지 아니하여 어느 용도로도 사용이 가능한 재원으로서 지방세, 재산임대수입, 사용료수입, 수수료수입, 사업장수입, 미수교부금, 이자수입, 순계잉여금, 과년도수입, 용도지정 없는 미수입, 보통교부세 등이 있다.

특정재원수입이란 용도가 지정되어 있어 특정한 용도에만 사용할 수 있는 재원으로서 재산매각수입, 교부금, 이월금, 지방채, 융자금수입, 전입금, 과태료, 용도지정 잡수입, 용도지정 과년도수입, 특별교부세, 국고보조금, 도비보조금 등이 있다.

2. 재원배분 방식

재정지출계획상의 일반적인 재원배분은 다음과 같다.

(1) 기본적 재정수요를 추계한다. 즉, 증원과 처우개선을 고려하지 않은 지방공무원의 보수, 지방자치단체의 사무처리에 필요한 최소한의 기본경비, 법률로 설치된 기관 또는 시설에 대한 최소한의 유지비, 법률상 지출의무가 있는 경비 등이다.

(2) 각종 계속사업에 대한 재원 소요를 추계한다.

(3) 신규사업을 포괄하는 주요 정책사업에 대한 재정수요를 추계한다.

(4) 가용재원 수입 규모를 추계한다.

(5) 가용재원 전망의 한도와 기본적 지출소요, 계속사업 지출소요 및 정책사업 지원소요를 합한 총재원 소요를 비교한다.

(6) 총가용재원 한도내에서 기능별 재원배분 구조를 결정한다.
(7) 추가적인 재정지출과 이를 위한 조세수입간의 우선순위를 비교한다.

제 5 절 계획수립의 한계와 개선방향

1. 계획의 한계

(1) 재정수지의 확정이나 투자의 우선순위 책정은 과학적 분석기법이 활용되어야 함으로 공무원이 이에 대한 충분한 이해를 가지고 있어야 한다.
(2) 경제가 불안정하고 인플레이션이 만성화된 경제여건 하에서는 계획상의 목표와 실제로 예산에 계상되는 목표가 불일치할 가능성이 있다. 그 이유는 이러한 여건하에서는 장래의 예측이 곤란하고 명목상의 예산규모가 실질적인 예산규모에 미치지 못할 가능성이 있기 때문이다. 우리나라에서 겪은 IMF사태가 그 좋은 예이다.
(3) 중기재정계획에 포함된 사업은 당연히 집행되어야 하는 것으로 인식되고 있으므로 재정의 경직화를 초래할 우려가 있을 뿐 아니라 새로운 재정수요를 부단히 재정계획에 포함시키고자 함으로 지방재정의 팽창요인이 될 수 있다.
(4) 중기재정계획은 경제적 합리성을 추구하기 위한 목적으로 수립되는 것이므로 정치적 합리성과 상충된다. 따라서 양자간의 조화를 이루지 못하면 중기재정계획은 형식화될 가능성이 커진다.

2. 개선방향

(1) 제도적 측면에서 재정운영과 관련하여 행정목표 및 개발계획이 상호 유기적으로 운영되도록 종합계획체제를 확립해야 할 것이며, 예산편성기능과 세입기능 및 재정심사 기능을 상호연계 시키는 재정기획 및 조정기능을 제도화 하여야 한다.

(2) 세입예측 및 재원의 최적배분을 위해서는 거시 및 미시유형을 적절히 혼합하여 사용하여야 한다. 가용재원규모를 결정하는데 있어서 지방세제의 특성을 감안하여 적합한 세입계획이 작성되어야 하고, 경상부문 지출계획의 작성에 있어서는 그 경비의 성질에 따라 포함되는 범위가 타당한 기준에 따라 결정되어야 한다.

(3) 우선순위의 결정은 주민의 수요, 전문가의 의견 및 행정수요 예측에 의한 수급의 차등을 고려하는 것이 바람직하다.

(4) 현실적으로 영기준예산의 기법에 따른 투자사업의 타당성 및 비용효과 분석을 담당 공무원이 수행해낼 수 있느냐가 문제이므로 예산담당부서 공무원들의 전문성의 확대와 공무원 임용에 있어 재정직의 확대 채용이 요구된다.

참고문헌

1. 국내문헌

강신택(2002), 「행정학의 논리」, 박영사.

건설교통부(1999), 「제4차 국토종합개발계획(안)」.

국가균형발전위원회(2004a), 「국가균형발전의 비전과 전략」, 동도원.

__________________(2004b), 「제1차 국가균형발전 5개년계획(안)」.

고숙희 외(1998), 「미래의 국정관리」, 법문사.

권영찬, 이성복(1993), 「기획론」, 법문사.

기획예산처(2005), 「2005~2009년 국가재정운용계획」.

김광웅(1976), 「사회과학연구 방법론」, 박영사.

김남진(1998), 「행정법 Ⅰ,Ⅱ」, 법문사.

김도창(1993), 「일반행정법론」, 청운사.

김석준 외(2000), 「뉴거버넌스 연구」, 대영문화사.

김수영(1994), 「행정기획론」, 박영사.

김신복(1992), "자본주의 사회의 기획에 대한 이념적 찬반이론 고찰", 「행정논총」, 제30권 2호, 서울대 행정대학원.

______(1999), 「발전기획론」, 박영사.

김재관 역(1991), 「기획론」, 대영문화사.

김정호(2000), "지방행정에 전략적 기획의 적용과 그 한계", 「동계학술세미나 보고서」, 한국지방자치학회.

노화준(1989), 「정책분석론」, 박영사.

대한국토·도시계획학회(2000), 「도시정보」, 통권200호.

대한민국정부(1992), 제7차 경제사회발전 5개년 계획. (1972~1999), 국토종합개발계획.

문태현(1999), 「글로벌화와 공공정책」, 대명출판사.

박길승(1996), 「세계화:자본과 문화의 구조변동」, 사회비평사.

박우순(2002), 「행정학의 새로운 패러다임」, 법문사.

______(2002), 「왜 지식경영이 실패하는가?」, 지샘.

박홍윤(2009), 「전략적 기획론」, 대영문화사.
부산직할시(1991), 지방자치단체 단위사무목록.
__________(1998), 사무전결처리규칙.
부산광역시(2007), 부산도시기본계획.
__________(2000), 시정운영계획.
__________(2000), 중기재정계획수립지침.
산업자원부(1990), 지역산업 진흥계획수립지침.
성규탁(1990), 「사회복지행정론」, 법문사.
신두범 외(2003), 「행정학 개론」, 박영사.
안문석(1993), 「환경행정론」, 법문사.
오준근(1998), 「행정절차법」, 삼지원.
유훈외(1982), 「정책학」, 법문사.
윤성식(2002), 「정부개혁의 비젼과 전략」, 도서출판 열린책들.
______(2003), 「예산론」, 나남출판.
이도연(2000), 「병원조직의 지식경영 준비수준에 관한 실증적 연구」, 행정학박사 학위논문, 동아대 대학원.
이상안(2000), 「공직윤리봉사론」, 박영사.
이성복(1988), "기획의 절차이론과 전개에 관한 소고", 「정치논총」,제23호, 건국대.
_______외(1999), 「기획론」, 법문사.
이원섭(2006), 「제4차 국토종합계획 수정계획의 기조와 추진전략」, 「도시정보」, 제286호, 대한국토·도시계획학회.
이환범(2002), "공공조직의 전략적 관리 및 계획에 관한 논의", 「행정논총」, 제40권 1호, 서울대 행정대학원.
장대환 역(1999), 「21세기예측」, 매일경제신문사.
장은영 역(1998), 「지식창조기업」, 세종서적.
정부혁신위원회(2005), 「참여정부의 재정세제 개혁」.
전상경(2005), 「정책분석의 정치경제」, 박영사.
______(1999), 「국민합의의 분석」, 시공아카데미.
정규서 외(1984), 「기획론」, 대왕사.
정덕주(1983), 지방계획수립의 문제와 발전방향에 관한 연구, 「도시 및 지역계획연구」, 제2권, 도시 및 지역계획 연구소.
______(1984), "도종합개발계획 수립에 관한 고찰", 「사회과학논집」, 제2

집, 동아대 사회과학연구소.

______(1985), "합리주의 기획논리의 한계와 수정전략", 「사회과학논집」, 제3집, 동아대 사회과학연구소.

______(1987), "지역사회연구의 문제점" 「사회과학논집」, 제5집, 동아대 사회과학연구소.

______(1988), "기획파라다임에 관한 고찰", 「사회과학논집」, 제6집, 동아대 사회과학연구소.

______(1994), "규범적 기획의 논의에 관한 고찰 「사회과학논집」, 제11집, 동아대 사회과학연구소.

______(1995), 「도시와 지방자치」(역서), 나남.

______(1996), 「지방화시대의 도시관리와 정책」(공저), 명보.

______(1998), "기획자원의 효율적인 관리에 관한 고찰", 「사회과학논집」, 제15집, 동아대 사회과학연구소.

______(1999), "권력의 배분과 효과적인 기획", 「사회과학논집」, 제16집, 동아대 사회과학연구소.

______(2000), "공공분야에서의 전략적 기획", 「김제경교수 정년 논문집」, 기념논문발간위원회.

정원식(2003), 「공공행정과 정치」, 형설출판사.

정정길(1989), 「정책학원론」, 도서출판 대명.

______(2001), 「행정학의 새로운 이해」, 형설출판사.

제갈돈 외(2002), 「정부와 행정」, 도서출판 대명.

최상철(1983), "우리나라 지역계획의 문제와 발전방향", 「환경논총」, 제6집, 서울대학교 환경대학원.

_______외(1985), 「지방의 재발견」, 민음사.

최신융 외(2007), 「행정기획론」, 박영사.

하미승(1996), 「행정정보체계론」, 법문사.

한상철(2001), 「시민행정론」, 법문사.

환영환(1989), 「국가발전과 행정」, 아세아문화사.

황명찬(1984), "지방화 시대에 부응한 지역개발의 방향", 「국토계획」, 제19권 2호, 대한국토계획학회.

황용주(1983), 「도시계획원론」, 녹원.

현대경제연구원(1999), 「지식경영」, 21세기북스.

2. 국외문헌

Allensworth, D. T.(1975), *The Political Realities of Urban Planning,* Praeger.

Altshuler, Alan.(1965), *The City Planning Process: Political Analysis,* Cornell University Press.

Anthony, Robert.(1980), *Management Control in Nonprofit Organization,* Irwin.

Argyris, Chris.(1974), *Theory in Practice: Increasing Professional Effectiveness,* Jossey-Bass.

Arnstein, Sherry.(1984), *Ladder of Citizen Participatory Politics for a New Age,* University of California Press.

Ball, Rob,(1998), *Performance Review in Local Government,* Irwin.

Barber, Benjamin.(1984), *Strong Democracy: Participatory Politics for a New Age,* University of California Press.

Baum, Howell(1983), *Planner and Public Expectation,* Schenkman.

Beauregard, Robert.(1979), "Thinking About Practicing Planning." in Pierre Clavel.(ed), *Urban and Regional Planning in an Age of Austerity,* Pergamon Press.

Beiner, Ronald.(1983), *Political Judgment,* University of Chicago Press.

Bell, Daniel.(1976), *The Coming of Post-Industrial Society: A Venture in Social Forecasting,* Basic Books, Inc.

Benson, J. K.(1975), "The Interoganizational Network as a Political Economy," *Administrative Science Quarterly, V*ol.20.

Benveniste, Guy.(1977), *The Politics of Expertise,* Boyd and Frazier.

______________(1990), *Masterning the Politics of Planning,* Jossey-Bass.

Bolan, Richard.(1975), *Urban Planning and Politics,* Lexington Books.

Bozeman, B.(1986), *The Credibility of Policy Analysis: Between Method and Use,* Policy Studies Journal, Vol.14.

Braybrooke, D.(1963), *A Strategy of Decision: Policy Evaluation as Social Process,* The Free Press.

Burchell, Robert.(1979), *Planning Theory in the 1980's: A Search for Future Directions,* Rutgers University.

Bryson, John and Roering William.(1996), *Straegic Planning Options for the Public Sector,* Jossey-Bass Publishers.

Camhis, Marios(1979), *Planning Theory and Philosophy,* Tavistock Publications.

Campbell and Fainstein(2004), *Introduction: The Structure and Debates of Planning Theory,* Blackwell.

Cardy, Robert.(2004), *Perfornance Management: Concepts, Skills, and Exercises,* M. E. Sharpe.

Castells, Manuel.(1978), *City, Class and Power,* Macnillan.

Clavel, Pierre.(1980), *Urban and Regional Planning in An Age of Austerity,* Pergamon Press.

Clegg, Stewart.(1975), *Power, Rule and Domination,* Kegan Paul.

Cohen, Steven.(1977), *Modern Capitalist Planning: The French Model,* University of California Press.

____________(1995), *The New Effective Public Manager: Achieving Success in a Changing Government,* Jossey- Bass Publichers.

Dahl, Robert.(1961), *Who Governs? Democracy and Power in An American City,* Yale University Press.

Davidoff, Paul.(1965), "Advocacy and Pluralism in Planning," *Journal of the America Institute of planner.,* Vol.31.

Dery, D.(1986), "Knowledge and Organization," *Policy Studies Review,* No.6.

Diesing, P.(1962), *Reason in Society,* University of Illinois Press.

Dror, Y.(1968), *Public Policymaking Reexamined,* Chandler.

Dunleavy, P.(1987), *Theories of the State: The Politics of Liberal Demicracy,* Macmillan.

Dunn, William N.(1981), *Public Policy Analysis: An Introduc tion,* Prentice Hall.

Dyckman, John.(1969), "The Practical Uses of Planning Theory," *Journal of the America Institute of planner.,* Vol.35.

Dye, Thomas. R.(1978), *Understanding Public Policy,* Prentice Hall.

Etzioni, Amitai,(1967), "Mixed Scanning: A Third Approch to Decision Making", *Public Administration Review,* vol.27.

Eversley, David.(1973), *The Planning in Socity: The Channing Role of*

Profession, Faber and Faber.

Fainstein, Susan(2000), "New Directions in Planning Theory"' *Urban Affairs Quarterly.*, Vol.35(4).

Faludi, Andreas.(1976), *Planning Theory,* Pergamon Press.

_______________(1976), *A Reader in Planning Theory,* Pergaman Press.

Finer, Herman.(1945), *The Road to Reaction,* Little Brown and Co.

Fischer, Frank.(1980), *Politics, Values and Public Policy,* Westview.

Flyvbjerg, Bent and Petersen V.C.(1983), "Planning in The 33 Years After 1984", in Healey Pastsy(ed), *Planning Theory,* Pergamon Press.

Foglesong, Richard(1986), *Planning the Capitalist City,* Princeton University Press.

Forester, John.(1989), *Planning in the Face of Power,* University of California Press.

Fredericken, H. George.(2005), *Ethics in Public Management,* M. E. Sharpe.

Friedmann, John.(1987), *Planning in The Public Domain : From Knowledge to Action,* Princeton University Press.

Gans, H. T.(1968), *People and Plans,* Basic Books.

Gargen, John.(1977), (ed), *Handbook of Local Government Administration,* Marcel Dekker Inc.

Germino, Dante.(1967), *Beyond Ideology: The Revival of Political Theory,* Harper and Row.

Godschalk, David.(1974), *Planning in America: Learning from Turbulence,* America Institute of Planners.

Harvey, David(2001), Social Justice, Postmodernism and the City. *In Readings in Urban Theory,*(ed). Fainstein and Campbell, MA: Blackwell.

Havermas, Jürgen.(1973), *Legitimation Crisis,* Beacon Press.

Hayek, F. A.(1944), *The Road to Serfdom,* University of Chicago Press.

Healy, P.(eds).(1982), *Planning Theory Prospects for 1980'*, Pergamon Press.

Ilchman, W. F.(1968), *The Political Economy of Change,* University of California Press.

Innes, Judith(1998), Information in Communicative Planning, *Journal of the American Planning* Association., Vol.64.

Kaufman, Jerome.(1979), “The Ethics of Contemporary American Planners”,

Journal of the America Institute of Planners, Vol.45.

Kelly, Janet and Rivenbark, William(2003), *Performance Budgeting for State and Local Government,* M. E. Sharpe.

King, William R. and Cleland, David. (1978), *Strategic Planning and Policy,* Var Nostrand Reinhold Company.

Klosterman, Richard E.(1978), "Foundation for Nornative Planning." *Journal of the America Institude of Planner,* vol.44. No.1.

Koontz, Harold.(1984), *Management*, McGraw-Hill, Inc.

Krieger, Martin.(1974), "Some New Directions for Planning Theories", *J.A.I.P.*, Vol.40.

Krimsky, S.(1984), "Epistemic Consideration on the Value of Folk Wisdom in Science and Technology," *Policy Studies Review,* Vol.3.

Kuhn, Thomas.(1977), *The Structure of Scientific Revolution,* University of Chicago Press.

Lindblom, Charles E.(1959), "The Science of Muddling Through," *Public Administration Review,* vol. 19.

Long, Norton.(1975), "Another View of Responsible Planning", *Journal of the America Institute of planner.,* Vol.41.

Marris, P.(1987), *Meaning and Action: Community Planning and Planning,* Routledge and Kegan Paul.

Martin, David L.(1990), *Running City Hall: Municipal Administration in America,* The University of Alabama Press.

McConnell, Shean.(1981), *Theory for Planning,* Redwood Burn Limited.

Mckinney, Jerame B. and Howard, Lawrence C.(1998), *Public Administration: Balancing Power and Accountability,* Praeger.

Minhin, Barry Howard.(1997), *Future In Sight,* Macmilan.

Osborne, David and Plastrik Peter.(1997), *Banishing Bureaucracy,* Addison Wesley Longman. INC.

Pateman, Carole.(1970), *Participation and Democratic Theory,* Cambridge University Press.

Peattie, Lisa.(1970), "Drama and Advocacy Planning", *Journal of the America Institute of Planner.,* Vol.36.

Peters, T. J.(1985), *Thriving on Chaos : Handbook for a Management*

Revolution, Random House.

Popper, Karl R.(1945), *The Open Society and Its Enemies,* Routledge and Kegan Paul.

________________(1969), *The Poverty of Historicism,* Routledge and Kegan Paul.

Prusak, L.(1995), The Knowledge Advantage, *Strategy and Leadership,* March-April.

Rabinovitz, Francine.(1969), *City Politics and Planning,* Aldine.

Rawls, John.(1971), *A Theory of Justice,* Harvard University Press.

Rondinelli, Dennis. A.(1978), "National Investment Planning and Equity Policy in Developing Countries", *Policy Science* Vol.10.

Ross, Bermard H. and Stedman, Murray S.(1985), *Urban Politics,* Peacock Publishers.

Ruggles, R. L.(1988), The State of Notion: Knowledge Management in Practice, *California Management Review,* Vol.30. No.3.

Schwab, Klaus(1995), (ed), *Overcoming Indifference : The Key Challenges in Today's Changing World,* Alan Kay.

Sellars, Wilfred.(1952), *Readings in Ethical Theory,* Appleton Century.

Shanks, H.(1977), *Planning and Politics: The British Experience 1960-1976,* Allen and Unwin.

Shanks, M.(1977), *Planning and Politic,* Allen and Unwin

Wachs, Martin.(1985), (ed), *Ethics in Planning,* Center for Urban Policy Research, Rutgers University.

Waterstone, Albert.(1965), *Development Planning: Lessons of Experience,* The Johns Hopkins Press.

Widavsky, Aaron.(1988), *The New Politics of the Budgetary Process,* Foresmand and Company.

Wilson, David. E.(1980), *The National Planning Idea in U.S. Public Policy: Five Alternative Approaches,* Westview Press.

________________(1979), *Speaking Truth to Power: The Art and Craft of Policy Analysis,* Little Brown.

Wilson, A. G.(1969), *Forecasting Planning,* Center for Environmental Studies.

찾아보기

◀ ㅊ ▶

◀ ㅌ ▶

◀ ㅍ ▶

◀ ㅎ ▶

저자약력

▶ **정 덕 주**

중앙대학교 법과대학 행정학과 졸업
서울대학교 환경대학원 졸업
경남대학교 대학원 졸업
미국 캘리포니아 주립대학교 정치학과 객원교수
일본 큐슈대학대학원 법학연구원 객원교수
한국행정학회 연구위원
한국지방자치학회, 한국지방정부학회 부회장
동아대학교 사회복지대학원 원장, 사회과학대학 학장

(현) 동아대학교 사회과학대학
행정학과 교수

【저 서】

한국지방자치론(공저), 한국지방자치학회, 2000.
신행정학원론(공저), 도서출판 금정, 2000.
지방화시대의 도시관리와 정책(공저), 명보출판사, 1996.
도시와 지방자치(역서), 나남출판, 1995.
부산시사(공저), 부산시사편찬위원회, 1989.

2004년 3월 8일 초 판 발행
2007년 2월 23일 개정판 발행
2008년 2월 25일 제 3 판 발행
2013년 2월 28일 제 4 판 발행

저 자 : 정 덕 주
펴 낸 이 : 박 노 일
펴 낸 곳 : 피앤씨미디어
주 소 : 경기도 고양시 일산동구 강송로 153
310-1501(마두동,강촌마을)
전 화 : 070-7550-3758
팩 스 : 02-718-8554
이 메 일 : pului@hanmail.net

ISBN 978-89-98786-21-2 (93350)

제4판
기획론

정가 16,000원